영화, 오감에디터

이 도서의 국립중앙도서관 출판예정도서목록(CIP)은 서지정보유통지원시스템 홈페이지(http://seoji.nl.go.kr)와 국가자료공동목록시스템(http://www.nl.go.kr/kolisnet)에서 이용하실 수 있습니다.(CIP제어번호: CIP2017026335)

정유진의 맛깔나는 영화이야기 4

영화, 오감에디터

정유진 지음

토담미디어

삶과 철학을 생각하게 만드는 영화

원로배우들이 몇 십 년을 무대에 올라도 처음처럼 떨린다고 했다. 그처럼 오래 된 것은 아니지만 매번 출판할 때면 설레고 두렵다.

감독과 배우들이 첫 제작발표회를 할 때면 흥분되는 것과 같은 이유다. 관객들이 얼마나 호응해줄 것인가에 대해 걱정을 하면서 기대하는 것처럼 이 책 역시, 독자들에게 어느 정도의 관심을 받을 수 있을까, 전작보다 나을까라는 고민을 하면서도 출판을 감행해 본다.

영화평론이란 글을 써오면서 그 전문분야에 대해 고통도 없지 않았다. 마음의 상처도 있었지만 꿋꿋하게 버티며 스스로 위안하고 나름의 분야를 찾아 여기까지 걸어왔다. 이 길을 계속 걸을 수 있게 만들어준 힘은 연재할 수 있는 지면을 할애해준 종합문예지들이지만 아무래도 일등공신은 영화의 힘이다.

영화는 우리시대의 세계사를 뒤돌아보게 하고 아픔을 느끼게 하는가 하면 자부심도 심어준다. 스티브 맥퀸 감독의 영화, '노예 12년'은 인종차별주의에 피해를 본 한 사람이 흑인이라는 이유로 억울한 노예생활을 당한 증언이다.

이 사실이 알려지자 노예폐지운동가인 프레드릭 더글러스는 피가 얼어붙는 이야기라고 흥분했다. 영화를 본 관객들도 마찬가지였다. 어떻게 한 사람의 인생을 이렇게 무너뜨려놓을 수 있었을까 하고 분노하게 된다. 하지만 이 작품은 사실을 각색한 것이기에 인종차별과 노예제도에 대해 역사적으로 더욱 깊이 있게 분석하고 성찰해야만 하는 것이다.

이런 작품들을 보고나면 평론가로서 당연히 키보드로 손이 올라가게 된다. 노예제도에 대해 다른 영화들도 보게 되고 감독의 힘과 배우의 자리를 분석해본다. 작품에 대해 뭔가를 쓰지 않으면 입과 생각이 봉쇄당한 기분이 들기 때문이다.

또한, 배우들의 뛰어난 작품 해석력은 관객들을 환호하게 만들고, 노련한 감독들의 현란한 연출력은 열연하는 배우들과의 호흡과 맞아 떨어져 관객의 사랑을 받고 세기의 명작으로 남기도 한다.

마가렛 미첼 원작의 '바람과 함께 사라지다'를 보며 영화의 힘을 느꼈고 이충렬 감독의 '워낭소리'나 진모영 감독의 '님아, 그 강을 건너지 마오'에서 감독들의 정신력과 관객과의 공감대를 형성해 내는 진실된 다큐멘터리를 보았다.

영상예술은 이미 우리 사회 전반에 걸쳐 지배자처럼 올라서 있다. 관객들은 예리한 평론가처럼 군림하고 무분별하게 쏟아지는 작품들을 선별하는 안목이 높아졌다. 따라서 엄청난 제작비를 투자한 상상을 초월

하는 작품들을 요구하고 기대하기에 이른다.

시나리오에서 문학과 과학을 느끼고 영상에서 오감을 자극하는 현실감과 카메라의 혁신적인 성능, 화려한 컴퓨터기술, 삶과 철학을 생각하게 만든다.

이 책은 그 모든 영상예술의 가치를 깊이 있게 고민하고 비판이나 평가만을 위한 것이 아니라 작품을 보는 개인의 생각과 관점을 말할 뿐이다. 독자들도 함께 자신의 느낌과 닮은 부분이 있다면 고개를 끄덕일 것이라 믿는다.

무더위 속에서 출간을 위해 애써주신 출판사 토담의 홍순창 선생님과 세밀히 교정을 봐주신 강창우 선생님께 감사드린다. 사랑하는 어머니 박 여사와 가족, 문우들, 친구들 모두에게 사랑을 전한다.

영화를 사랑하는 사람 모두 파이팅!

2017년 초가을

정 유 진

6

CHAPTER 01

CHAPTER **02**

chapter 01

사도 한국 2014
— 사도의 거친 숨소리

왕권의 힘이란 천하무적이다. 동서고금을 막론하고 누구도 함부로 왕좌를 넘볼 수 없다. 때문에 한 나라에 성군이 탄생되는 것은 참으로 어렵다. 수많은 사람의 희생은 물론 걸어가야 할 가시밭길도 무수하다. 성군은 하늘의 뜻으로 만들어진다.

영화 '천일의 앤'에서 국왕인 헨리 8세(리차드 버튼 분)는 아내인 앤 볼린(쥬느비에브 뷰졸드 분)으로부터 아들을 얻지 못하자 또 다른 여인 제인을 만나게 된다. 헨리는 앤을 내쫓으려 하지만 딸인 엘리자베스의 왕위 계승권을 지키기 위해 앤은 목숨을 내놓는다. 끝내 그녀는 형장의 이슬로 사라졌고 엘리자베스는 영국이 낳은 가장 위대한 여왕으로 역사에 기록되었다.

영화 '사도'에서 영조는 항상 불안하고 위협당하는 자신의 왕권이 탄탄해지길 바란다. 형을 독살하고 왕이 되었다는 소문도 지긋지긋하다.

즉위 과정이 평탄하지 않았다하더라도 그는 지나치게 예민했다. 예법이라는 굴레에서 자유롭고 싶은 아들을 이해하지 못하고 죽여 버린다는 것은 역사의 사실이 어느 방향으로 흘러가든 비정한 부모로 남는다. 두 작품에서 자식을 위해 목숨을 내놓은 앤 왕비의 자식 사랑과 영조의 왕권 지키기가 무척 대비된다.

영화를 읽어본다.

관 속에 누워있던 세자(유아인 분)는 무언가에 홀려 넋이 나간 얼굴로 칼을 들고 경희궁으로 향한다. 세자빈(문근영 분)이 그 말을 듣고 곧장 시어머니 영빈(전혜진 분)에게 알렸다. 영빈은 즉시 영조(송강호 분)에게 고하며 세자의 병이 심각해서 그러하니 살려 달라며 애원한다.

영조는 세자를 잡아들이라 명한다. 조선 21대 왕으로 등극한 연잉군이었던 영조는 적통이 아니라는 이유로 끊임없이 정통성의 예법에 시달렸다. 40이 넘어 얻은 귀한 아들로 2살이 되자 세자로 봉할 만큼 영조의 사랑은 유난했다. 세자는 총명하기도 했지만 자기의사가 확실한 자유분방한 성격이었다. 그는 아버지 영조에게 인정받기 위해 노력했어도 결론은 언제나 아버지의 화를 돋우는 꼴이 된다. 아들의 행동은 일거수일투족이 영조의 성정을 건드린다. 불안감과 의심증이 심한 영조는 세자를 뒤주에 가둔다.

영화 '사도'에서 태조 이성계와 아들 이방원을 생각하게 되는 것은 무슨 이유인가. 조선왕조에 대한 영화는 여러 편이 나왔다. 가장 많이 촬영된 시나리오는 태조 이성계와 이방원 편이다. 이방원은 아버지 이성계를 도와 목숨 걸고 함께 조선을 건국했다. 하지만 이방원은 아버지에게 철저히 배신당한다. 그렇지만 훗날, 그는 왕이 되었다.

역사적으로 형제와 정적들의 피를 가장 많이 흘린 왕으로 이방원은 기록된다. 그럼에도 백성을 사랑하고 자신이 물려줄 차기의 왕은 성군으로 칭송되길 갈망한다. 셋째인 세종이 성군이 되었을 때, 걸림돌이 없게 모든 정적을 물리쳤고 어진 임금이 되라는 당부도 빼놓지 않았다.

역사의 진실은 당시에 살아보지 않았으니 사가에게 맡기고 이런 영화적 스토리를 보면서 느낄 수 있는 것은 부자간의 관계이다. 이방원은 아들이 성군이 되는 길을 자신이 닦아준다. 그렇다면 '사도'에서 영조는 어떤가. 사사건건 아들과 대치하고 있다. 이런 영화적 구도는 실제 역사를 떠나서 관객들도 영상과 연출에 있어 즐기는 권력구조의 시나리오라 할 수 있다.

감독 이준익은 사극을 편애한다. 전작인 '황산벌'이나 '평양성' '왕의 남자' 등을 보면 해학과 슬픔이 묻어난다. 그는 역사의 순환에 현재의 감각을 입혀 픽션을 가미시킨다.

시작도 알고 끝도 아는 슬픈 역사이지만 이 감독은 과거와 현재를 오가는 연속성의 영상 속에서 관객들의 시선을 끝까지 잡고 가는데 성공한다. 그것은 확실한 시나리오의 힘이 아니라 영상 속의 실존인물을 움

직이는 배우들의 노력으로 볼 수 있다.

감독은 메소드 연기의 달인 송강호라는 걸출한 인물을 영조에 앉히고 신세대 배우 유아인을 선택해 실패의 확률을 줄였다. 영조가 귀를 씻는 장면이라든가 대비인 인원왕후(김해숙 분)와 아들 세자를 두고 한판 붙는 눈빛 장면에서 송강호는 제대로 된 변태적 왕의 모습을 보여준다.

영화 '관상'에서도 관상가 내경 역을 맡아 촐랑대는 처남 팽헌(조정석 분)과 어리숙하면서 실리적인 리얼한 연기를 펼치고 있다. 배우 송강호의 이름이 항상 제값을 치른다는 의미다.

어떤 관객은 아들을 잡도리하는 비겁한 아버지 영조를 그의 모습에서 보았다고 말했다.

세자는 할머니인 인원왕후가 자신을 위해 아버지와 대치하다 세상을 뜨자 더 이상 삶의 의미를 놓는다.

최근 반항아적인 연기가 가장 어울리는 유아인이 광기에 찬 얼굴로 장송곡을 부르는 장면은 소름이 돋는다. 백안의 광대와 비구니의 염불 합창에서 사도의 숨소리가 거칠게 올라온다.

배우들은 말한다. 순간을 연기하지만 때론 시나리오 속의 주인공으로 빙의되어 벗어나기 힘들 때도 있다고. 뒤주 속에서 지네가 몸을 파고드는 환상을 본 세자가 몸부림치는 장면에서도 유아인의 연기는 영화가 끝난 뒤에 환상통을 겪을 것처럼 아프게 열연했다.

인원왕후 역의 김해숙의 연기도 따를 자가 없다. 영조의 억지에 기막혀하는 장면은 김해숙이라는 여배우가 얼마나 연기의 고수인지 짐작할 수 있는 부분이다.

'사도'에서 세자를 보면 영화 '왕의 춤'에 나오는 루이 14세(브누아 마지멜 분)와도 무척 닮았다. 루이는 권력에 미친 어머니 안느 도트리쉬로부터 살인적인 저주를 받기도 한다. 아들이건만 재상 마자랭과 짜고 왕위에 오를 아들을 해치기 위해 수단과 방법을 가리지 않는다. 영조처럼 신하들이 보는 앞에서 아들을 비하시키고 모욕을 서슴지 않으며 정신을 파괴시킨다. 온전히 안느 도트리쉬와 영조는 서로를 코스프레하고 있는 것 같다.

루이 14세는 종교와 예술의 힘으로 목숨을 부지하다 결국은 유럽 최고의 왕으로 등극했다. 루이는 참고 견뎠고 사도세자는 자살의 충동과 억압된 삶의 공포를 이겨내지 못했다.

영화에서 루이는 살얼음 위를 걷듯이 숨 죽였다. 사도세자도 그렇게 몸을 사렸다면 역사의 슬픈 단면이 뒤바뀌었을 것이다. 성군으로 기록되는 정조의 정치세계가 불같은 아비의 힘을 얻어 조선을 좀 더 강한 나라로 변화시켰을 게 분명하니 말이다.

이준익 감독의 역사를 빌은 영화는 슬픔으로 끝났다. 대부분의 작품들이 슬픔을 강조하면서 유머를 덧씌우곤 했는데 이번 '사도'는 시작과 끝을 하나로 버무렸다. 관객들은 이준익 감독에게 표를 던진 것이 아닐지 모른다. 송강호라는 대선배 앞에서 주눅 들지 않고 당당하게 표출하는 유아인의 강렬한 연기가 한몫 거들었고 감독이 좋아하는 고급 연기자들, 그들의 섬뜩한 열연에 관객은 박수를 보냈다. 흐르는 음악은 불안한 사도의 심장 울림처럼 쿵쾅이며 영화에 힘을 보탠다. 덕분에 제35회 한국영화평론가협회상 시상식에서 각본상과 음악상, 최우수작품상을 수상하는 영광을 안았다.

영화를 보면 17세기 프랑스 왕조나 조선시대의 왕조는 다를 바가 없다. 영조는 권력이란 테두리에서 벗어나 자유롭고 싶은 아들을 죽이고 손자를 왕좌에 올린다. 정조로 카메오 출연한 소지섭은 내면에서 우러나는 강한 정조를 연기한다. 엔딩에서 정조의 아비에 대한 사무친 통증을 표출해 내는 부채춤은 짧지만 강렬하게 남았다. 감독이 요구한 연출을 배가했다고 말할 수 있겠다. 아쉬움이 있다면 혜경궁(문근영 분)의 역할이 설익은 감처럼 떨떠름하다.

사도세자는 외쳤다.

"내가 바란 것은 아버지의 따뜻한 눈길과 다정한 말 한마디였소."

영화 '황산벌'에서 연개소문(이원종 분)이 한 말이 생각난다.

"싸움은 정통성 없는 놈들이 정통성을 세우려고 하는 기야."

완전 공감이다.

대니쉬 걸 The Danish Girl, 미국 영국, 2015
―아가페적 사랑이 여기에

　동성애자는 신의 뜻을 파괴하는 존재쯤으로 여길 때가 있었다. 가톨릭에서는 악마의 행위라고 저주하듯 비꼬았다. 그들을 남색이라고 부르는 것도 성경에서 문란한 행위로 인해 멸망한 도시 '소돔'에서 유래했다고 기록되어 있다. 종교재판 후 처형도 서슴지 않았다. 19세기 말부터 정신병자라고 불리다 그들의 권리주장에 차츰 인식이 바뀌어갔다.

　1973년에 와서 미국정신의학회는 질병목록에서 제외시켰다. 하지만 아직도 이슬람국가 등에서는 극형에 처해지기도 한다니 심하다는 생각이 든다. 러시아는 동성애자나 성전환자들을 탄압하고 있다. 현실이 이런데 에이나르가 살던 1926년대는 말해서 뭐할까. 교황 베네딕토 16세도 동성 결혼은 인간본성에 어긋나는 일이라는 메시지를 발표했었다.

　이안 감독의 영화 '브로크백 마운틴'에서 에니스(히스 레저 분)는 어렸을 때, 아버지에게 끌려가 동성애자가 마을사람들에게 찢겨 죽어가는 모습을 보았다. 자신의 동성애적 기질을 아버지가 싹을 자를 생각으로 취한 행동이 영원히 트라우마로 남아 사랑하는 잭을 따라가지 못한다. 이런 모든 동성애자들은 이 영화 '대니쉬걸'의 에이나르처럼 목숨 걸 용기가 없었거나 의료기술이 부족한 시대를 잘못 만난 탓이다.

다행히 지금은 의술이 발전하고 따가운 시선들이 완화된 나라가 꽤 많다. 그만큼 동성애자들이나 성전환을 꿈꾸는 사람들이 원하는 삶을 살기 편해졌다. 2004년 세계미스트렌스젠더 대회가 있었다. 17세에 성전환 수술을 한 태국의 포이 트리차다가 대상을 수상하고 연예계에서 활동하고 있다. 우리나라의 트렌스젠더 하리수도 트리차다와 친분을 이어가고 그들만의 평범한 여성세계를 나누고 산다. 그들은 이제 뉴스거리도 아니다. 릴리 엘베가 꿈꾸던 세상이다.

영화를 읽어본다.

에이나르(에디 레드메인 분)와 게르다(알리시아 비칸데르 분)는 세상에 둘도 없는 잉꼬부부다. 조금도 떨어져서는 살 수 없을 만큼 서로 사랑이 넘친다. 게르다는 평범한 인물 화가이지만 에이나르는 유명한 풍경화가다. 그녀는 대부분의 젊은 화가들처럼 실력만큼의 인정을 받고 있진 않다. 따라서 부부는 살림살이가 넉넉하지 못하다.

게르다는 그림을 팔러 갔다가 퇴짜를 맞고 미술전시관의 요청에 의해 색다른 느낌의 인물을 그려오라는 주문을 받는다. 거실에서 그림을 그리고 있던 에이나르는 아내의 볼멘 목소리에 눈치를 채고 다독여준다. 게르다는 모델 올가가 늦어지자 남편에게 스타킹을 신고 올가처럼 포즈를 취해달라는 애교를 부린다. 에이나르는 스타킹의 감촉이 몸속으로 들어오는 느낌을 받고 소름이 돋는다. 흡사 자신이 여자가 된 것 같은 짜릿한 생각이 든다. 올가는 에이나르를 보자 아름다운 여인이라며 릴리라는 이름을 붙여준다. 그는 수줍어하며 릴리가 되길 원한다. 에이나르의 영혼이 릴리와 합쳐지는 순간이다.

감독 톰 후퍼는 전작인 '킹스 스피치'로 제83회 아카데미 시상식에서 이미 감독상과 작품상 등을 수상한 경험이 있는 명감독이다. 그는 '킹스 스피치'에서 매우 접근하기 어려운 영국 왕실의 비화를 건드리고 있다. 주연을 맡은 콜린 퍼스는 말을 더듬는 장애를 가졌지만 숨겨진 욕망이 대단한 왕자의 모습을 리얼하게 관객에게 전달하는데 성공했다. 덕분에 그도 배우라면 누구나 탐내는 아카데미 남우주연상 수상의 영광을 안았다.

그처럼 톰 후퍼 감독은 영국 왕실의 어둡고 내밀한 면이라든가, 영국인이 가장 사랑한 축구감독 브라이언 클러프의 성공과 실패를 담은 '댐드 유나이티드'를 비롯해 '대니쉬 걸'까지 실사영화에 주력하고 있다. 그는 영화보다 더 진정성 짙은 현실에 대한 매력을 읽은 것으로 보인다. 실사영화가 가상의 세계보다 관객의 호응도가 높은 편이다.

이 영화는 덴마크의 화가 릴리 엘베의 실화를 다루고 있다. 세계 최초 성전환 수술을 했던 에이나르 베게너의 일대기를 집중 조명해 관객들과 평단의 호평을 받았다.

에이나르는 '브로크백 마운틴'의 에니스처럼 어렸을 때부터 정체성의 혼란을 겪으며 자랐다고 한다. 영화에서 남편 에이나르의 이상한 생각과 행동에서 불안을 느낀 게르다는 어릴 때 남편의 친구였던 한스(마티아스 쇼에나에츠 분)를 찾아간다. 소년이었던 때를 회상하던 릴리가 한스와 입맞춤했다는 말을 들었기 때문이다.

한스의 회상은 어릴 때의 에이나르는 앞치마를 두르고 있어서 무척 아름다운 소녀 같아 순간적으로 입을 맞추었다고 웃으며 말한다. 그는 동성애자는 아니었다.

게르다는 한스에게 에이나르를 만나게 해서 도움을 받아보려 하지만 한스의 방문에 놀란 에이나르는 릴리로 변해 여성으로서 그를 맞는다. 쇼크를 받은 건 한스도 마찬가지였다. 게르다의 요청에 한스는 친구지만 모른 척해준다. 주인공인 에이나르를 연기한 에디 레드메인은 시나리오가 채 완성되기 전부터 감독 톰 후퍼의 레이더에 걸려 있었다. 전작인 '레미제라블'에서 이미 그의 연기력을 파악하고 후작에서 함께 작업을 해야겠다는 생각이 남아 있었던 것이다. 그만큼 에디의 연기가 살아 있다는 것을 인정하고 미리 찜해 놓았다는 얘기다.

감독의 의도대로 에디는 아무도 실망시키지 않았다. 총제작의 결정이 내려지지도 않은 상태에서 그는 벌써 여자로서의 행동이나 릴리 엘베에 대한 심적 부담을 줄이기 위해 그녀의 인생과 행동에 대해 학습하고 심미적인 연구를 거듭했다. 결론은 감독이 어떤 배우를 선택했을 때, 그 배역에 대한 감독의 의도대로 연출과 연기가 혼연일체가 되어줘야 한다는 것이다. 그런 것들이 배우의 연기 톤과 영상을 달라지게 하는 요소들이다.

영화 '패왕별희'를 보면 인간의 정체성에 대한 혼란스러움이 가득하다. 감독 첸 카이거는 전국시대의 영웅들이라든가, 중국 근대화와 공산당의 창설과 같은 혼돈의 시대에 대한 갈등과 화합을 잘 그리고 있다. 그 속에서 가장 중심이 되고 있는 소재가 사람이 사람에 의한, 자의적인

동시에 타의적인 잠재된 정체성에 대한 갈등의 고리다. 경극을 하는 배우로서의 소명, 그 무대를 지켜보는 관객들이 어떤 시대에 살고 있는가 하는 데 상당히 중요한 부분이 된다.

남자인 도즈가 자신도 모르게 차츰 여성인 데이로 변신해 가고 있는 것은 시대와 환경이 한 사람의 정체성을 강제로 억눌렀다는 것이다. 분명히 자신은 도즈였는데 어느새 내면마저 수령에 빠지듯 여성성으로 옮아가 있는 데이의 아픈 성의 여정이다. 반면에 이 영화 '대니쉬 걸'에서는 유전자의 본질에서 도외시 당한 육체와 정신의 반란이었다. 경극을 하던 과정에 벌어지는 강박관념을 벗어나지 못한 여린 남성성의 도즈와 여성성의 데이는 '데니쉬 걸'의 남성성인 에이나르와 여성성으로 전환된 릴리 엘베와는 과정은 다르지만 본질은 매우 닮아있다.

중국이 혼돈의 시대가 아니었다면 도즈는 트렌스젠더가 되기 위해 병원으로 갔을 게 틀림없다. 그가 진실로 패왕 살로를 잡기 위해선 데이가 되어야하기 때문이다.

에이나르는 사랑하는 아내 게르다와 결혼을 해서 하루도 아내 없인 살지 못한다는 주변의 질투를 받고 산다. 밤마다 아내를 안고 뒹굴며 사랑을 속삭였다. 이들에게 문제가 있었다면 가정형편이었다. 둘의 그림은 잘 팔리지가 않는다. 우연하게 오지 않은 모델 올가를 대신해 발레복을 입어달라는 아내의 요청에 에이나르는 당황한다. 그는 호기심으로 입어본 아름다운 드레스의 촉감에 정신이 혼미해지며 릴리로 변해가면서 진정한 여성의 길로 빠져든다. 어느새 자신의 정체성을 찾게 된 에이나르는 완벽한 여성이 되길 갈망한다.

감독 톰 후퍼는 이 순간부터 에이나르의 급격한 변신을 빠르게 진행해 버린다. 따라서 영화가 실화를 바탕으로 연출된 것이지만 관객으로서 이해되지 않는 면도 있다. 그렇게 사랑하던 아내였건만 발레복 한 번 입어보고 아내를 아내로 보지 못한다는 것과 마지막 순간까지 게르다의 손을 놓지 못하는 데 따른 해명이 부족한 이유가 실망스런 그것이다.

매일 뒹굴고 사랑을 나누던 그가 잠자리를 요구하는 아내에게 곤혹스런 표정을 지으며 거부하는 장면은 지나친 비약으로 보인다. 하지만 정체성의 변화가 급격히 찾아온다면 모르겠다.

　아내 게르다의 통증은 어떻게 감당할 수 있을까. 알리시아 비칸데르
는 촉촉이 젖은 두 눈에서 자신의 비통을 어디에도 하소연할 데가 없다.
남편을 버려야 하는데 그를 너무 사랑했기에 떠나지 못한다. 슬픔과 애
절함이 묻어나는 아가페적 사랑을 하는 알리시아의 열연이 관객을 사
로잡는다. 인물간의 상황설정 과정이 영상예술의 백미였다.

　음악연출은 영화음악작곡가 알렉상드르 데스플라가 맡았다. 그는 '색,
계' '킹스 스피치' '그랜드 부다페스트'와 같은 명작들을 탄생시키는데
한몫 단단히 한 작곡가이다. 영화는 에이나르와 게르다가 실제 살았던
코펜하겐과 벨기에 브리쉘 등에서 촬영했기에 상당히 시대의 고전적

배경이 돋보이며 미장센이 뛰어나다.

　영화에서 수시로 그들의 삶을 투영할 때, 두 사람은 어두운 공간에서 작업하는 장면이 많았다. 두 사람의 삶의 내면을 보여주는 연출이기도 하지만 실제 그렇게 작업했다고 한다. 어쨌거나, 이 모든 연출이 완벽에 가깝다는 평을 듣는 것은 배우들의 역할이 탄탄한 이유다.

　에디 레드메인은 이미 '사랑에 대한 모든 것'의 주연을 맡으며 혼신을 다했다. 그가 스티븐 호킹으로 완벽 변신하면서 감독들과 평단은 극찬을 쏟아냈다. 그 결과 제87회 아카데미 시상식에서 남우주연상을 거머쥐었다. 그만큼 레드메인의 연기가 물이 올랐다는 증거다.

　동화에 나오는 주근깨가 가득한 소녀처럼 가냘픈 몸으로 순수한 영혼이 정체성에 흔들리는 릴리 역은 14kg을 감량한 레드메인의 완벽 변신이었다. 그는 또 한 번 아카데미 수상에 노미네이트되었다. 하지만 수상은 '레버넌트, 죽음에서 돌아온 자'의 레오나르도 디카프리오가 4전 5기로 영광을 안았다.

미라클 벨리에 La famille Belier, The Belier Family. 프랑스, 2014
— 현실처럼 들리는 상상 속 울림

예술의 세계는 자유가 기본이다. 몸과 마음이 자유롭지 못하면 창작은 손과 발이 묶인 상태처럼 아무 것도 할 수가 없다. 영화 '리빙 하바나'는 자유란 무덤 속에서나 찾을 수 있는 상황에서 벗어나려는 한 음악가의 이야기다. 국가의 사상에 얽매여 원하는 음악을 할 수 없었던 아투로 산도발(앤디 가르시아 분)이 자유를 찾아 비상하는 과정은 눈물겹다.

영화 '미라클 벨리에'도 마찬가지다. 폴라는 부모의 굴레에서 벗어나야만 자신의 꿈을 펼칠 수 있다. 아투로 역시 조국을 떠나야 원하는 음악을 할 수 있는 사람이다. 두 영화는 극과 극의 시나리오와 연출력을 선보이고 있지만 자신들의 꿈과 음악이란 공통점에서 그들이 나아가야 할 방향과 선택은 하나로 묶인다. 폴라가 자유롭게 날 수 있는 과정이 가슴 찡한 영화다.

영화를 읽어본다.

폴라(루안 에머라 분)는 농장을 운영하는 벨리에 가족의 기둥이다. 부모님과 남동생은 말을 하지 못한다. 세상과의 소통은 가족을 대표하는 폴라가 책임진다. 주말마켓이 열리면 사람들이 몰려와 벨리에 가족의 치즈를 사간다. 손님과의 거래는 물론, 부모님의 성병에 관한 상담까지 모두 폴라 몫이다. 학교에서 돌아오면 외양간을 치우고 건강한 남성이 할 수 있는 노동도 다 해낸다. 그런 폴라가 가족을 떠나려 고민한다. 자신의 미래를 위해 날고 싶어 하는 딸을 말리던 부모도 결국은 자식을 위해 떠나보낸다.

시나리오는 흥행의 실패와 성공을 떠나서 순수하고 해맑다. 주인공인 벨리에 가족은 청각장애를 가진 불편한 환경 속에서도 웃음과 사랑을 통해 성장을 보여준다. 폴라는 가족의 대변인으로 거래처와 전화로 상담을 하기도 하는데 어린 소녀가 자신의 인생을 놓친 것 같아 안쓰럽다. 학교가 파하기 무섭게 집으로 돌아와 목초를 정리하고 농장을 관리하는 그런 장면에서 루안 에머라는 최적격이다.

그녀는 여배우 같지 않게 현실적 현장 감각이 최고다. 약간 통통하며 앳된 듯 보이지만 부드러움 속에 강함이 묻어있는 얼굴과 농장주다운 분위기를 가진 전체적 어울림이 영락없는 소녀 가장의 모습이다. 그렇다고 감독이 그녀를 가장으로 앉혀 놓은 건 아니다. 가족이란 울타리가

폴라를 아프게도 하지만 든든한 지원군이기도 하다. 타인들에게 들리지 않는 무음의 언어들이 그들의 환경 안에서는 위로와 사랑과 때로는 싸움도 일어나고 있기 때문이다.

예를 들면, 웃긴다고 봐야 될지 아픔으로 봐야 할지 모를 애매한 장면이지만 아빠가 콘돔을 사용하지 않아 엄마가 성병이 생기자 폴라를 앞장 세워 병원을 간다. 의사와 환자만의 비밀스런 상담이 미성년자인 폴라가 통역을 해야 하는 처지가 마냥 웃고 넘기기엔 아픔이 더 큰 순간이다. 엄마 아빠는 폴라의 불편하고 어색한 마음도 몰라준다.

의사 앞에서 콘돔을 굳이 사용해야 하느냐, 치료기간 동안 잠자리를 어떻게 하지 않을 수 있느냐는 등의 수화를 전하라는 요구에는 얼굴을 감싼다. 당황하면서도 자신이 아니면 의사와의 상담이 되지 않는 상황을 루안 에머라는 천연덕스럽게 표출해낸다.

관객들의 마음이 폴라가 되고 루안 에머라의 메소드 연기는 배우 초년생으로서 영화계에 새로운 스타탄생을 예견하고 있다. 한국의 K팝 오디션과 같은 프랑스 서바이벌 오디션에서 폭발적인 가창력을 선보인 그녀는 미래의 뮤직 드라마 신데렐라가 될 게 분명해 보인다.

영화에서 폴라는 관객에게 동정어린 시선을 요구하지 않고 그녀의 일상적 노동으로 관객을 몰입시킨다. 청각장애를 가진 엄마 지지(카린 비아르 분) 역시 연기 내공이 대단하다. 수화를 하면서도 자신을 돋보이게 만드는 배우의 매력을 발산한다.

영화 '피아노'에서 에이다를 연기한 홀리 헌터는 피아노가 생명이며 언어였다. 처음 만난 남편이 해변에 놓인 피아노를 집으로 옮겨주지 않자 강력한 무언의 항의를 한다. 헌터역시 청각장애자 역을 메소드 연기로 펼쳐낸다. '피아노'에서 에이다가 날카롭고 도도한 여인이었다면 '미라클 벨리에'의 엄마, 지지인 카린은 마음이 밝고 항상 웃는 얼굴이다.

장터에서 끊임없이 자신의 치즈를 홍보해도 알아듣지 못하는 손님을 보면서도 웃음을 잃지 않는 엄마역의 카린은 청각장애를 가진 엄마들을 대변하고 있다. 수화로 아무리 치즈에 대해 어필하고 있지만 손님에겐 들리지 않는 엄마의 무음의 언어들을 고스란히 비춰주는 카린의 모

습이 사뭇 진지하다.

아빠(프랑수아 다미앙 분)는 어떤가. 의사와의 황당한 상담을 딸에게 시킬 때, 선거 후보가 마음에 들지 않는 다는 생각에 자신이 시장으로 출마하는 의지를 비칠 때는 천방지축 같다. 그가 행동하는 모든 원인과 결과에는 딸의 희생이 따른 다는 것을 모르는 이기주의자 같은 아빠다. 하지만 아빠로서 가장의 몫이 분명히 존재함을 보여주는 장면이 있다.

폴라는 음악선생 토마슨(에릭 엘 모스니노 분)의 권유로 파리 오디션에 참가하는 기회를 잡았었다. 엄마 아빠는 물론, 동생까지 청각장애를 갖고 있어 망설였지만 자신의 꿈을 위해 도전하기로 한다. 폴라는 천상의 목소리로 노래하면서 듣지 못하는 가족을 위해 수화로 함께 부른다.

"사랑하는 부모님, 저는 떠나요. 도망치는 게 아니에요. 비상하는 거예요."

심사위원들도 음악선생님도 첫사랑 가브리엘과 함께 그녀의 목소리에 놀라움을 금치 못한다. 영상 속의 장면이지만 루안의 노래와 수화는 관객을 울린다. 어쩌면 이 한 장면을 위해 감독은 영화 '미라클 벨리에'를 연출했을지도 모른다. 사랑스럽고 맑은 소녀의 감성이 그대로 묻어나는 노래 '비상'은 무음 속에 사는 가족들도 진한 감동으로 받아들이게 된다. 그날 이후 고민과 갈등을 겪는 딸을 보며 아빠도 생각이 깊어진다.

영화 '비욘드 사일런스'의 라라(실비 테스튀 분)도 클라리넷 연주자인 고모로부터 베를린 음악학교에 갈 것을 권유받는다. 음악에 뛰어난 재능을 가진 라라는 고민에 빠진다. 폴라의 가족처럼 청각장애자인 아빠 마틴(호위 시고 분)과 가족의 바깥세상과 연결고리가 자신이기 때문이다. 두 작품에서 아빠는 딸의 부재를 상상해 보지 않은 상황과 갈등을 겪게 된다.

감독 에릭 라티고는 청각장애를 가진 한 가족이 세상과 유일한 소통의 고리가 되었던 딸이 분리되어 진다는 것에 대해 충분히 겪을 수 있는 그들만의 고뇌를 보여준다. 보통의 가족들이 그러하듯 끝내는 폴라가 세상을 향해 날아갈 수 있도록 아빠는 결심한다. 힘든 가족과의 일상에서 탈출하려는 게 아닌, 자신의 꿈을 찾아 비상하려는 이유를 가슴으로 이해했기 때문이다.

　영화 중반엔 폴라가 첫눈에 반한 가브리엘(일리안 베르갈라 분)과 듀엣으로 부르는 노래를 마을사람들은 따라 부른다. 하지만 가족에겐 세상이 마냥 조용하기만 하다.

　그 순간 관객들도 무음 속의 세상이 어떠한 것인지 벨리에 가족의 일원이 되어 폴라와 가브리엘의 입만 쳐다보게 된다. 감독은 순간이지만 영상 속에 모여 있는 관객들과 스크린 밖의 관객들을 일치시키는 대범함을 보인다. 상상 속의 울림이 현실처럼 다가오게 만든 체험의 연출은 기대 이상이었다. 감독 라티고는 상당히 감성적이며 실험적인 연출을 시도한다.

거액을 들여 제작해 놓아도 관객이 외면하는 영화를 가끔 본다. 작품성이 뛰어난 시나리오도 많지만 아쉽게도 배우들의 연기와 감독의 연출이 부족해서 일어나는 현상들이다.

영화 '미라클 벨리에'가 프랑스에선 5주 연속 박스 오피스 1위를 차지하는 기염을 토했다. 작품을 수작으로 끌어올린 일등공신은 당연히 루안 에머라였다.

소년 파르디잔 partisan, 오스트레일리아, 2014
— 흔들리는 관객의 시선

이슬람 극단주의 무장단체 국가가 테러를 일으키는 장면은 이제 뉴스 속에서 새로운 소식이 아닐 만큼 다반사다. 그럴 때마다 화면 속으로 등장하는 어린 소년병들이 총을 들고 카메라를 향해 쏘는 시늉을 하면서 지나간다. 이번 터키에서 일어난 결혼식 테러범도 어린 소년이었다.

사람들은 방송을 보면서 충격을 받았다. 이라크에서도 붙잡힌 소년의 몸에 부착된 폭탄을 경찰이 제거하려하자 아이는 발버둥 쳤다. 무엇이 이 소년을 이렇게 만들어 놓았을까. 수많은 소년들이 테러가 뭔지 총놀이가 마냥 즐거운 듯 해맑게 웃는 모습에서 사람들은 걱정스럽다.

이 아이들에게 총을 들게 한 어른들은 지금도 어린 파르디잔을 모집하고 양성시키고 있다. 미성숙한 소년들에겐 자신이 무슨 잘못을 저지르는지 생명을 끊는다는 것은 어떤 끔찍한 결과를 초래하는지 잘 이해하지 못한다. 그들에겐 어른들이 시키는 대로 그냥 총 싸움일 뿐이다.

　이렇듯 어른들의 잘못된 국가관이라든가 종교관, 사회적 피해자들의 망상에 의해 어린 소년들이 사지로 내몰리고 있다. 이런 가슴 아픈 현실이 얼마나 위험한 것인지 감독 아리엘 클레이만은 세상의 어른들에게 경고하려 한다.

　영화 '소년 파르디잔'은 가난과 절망의 순간에 도움의 손길을 내민 한 남자로 인해 어린 아이들이 소년병으로 자라게 되는 과정과 그들의 인생과 미래를 그리고 있다.

　영화를 읽어본다.

　소년이 잡풀을 헤치며 폐허가 된 건물 안으로 들어간다. 알렉산더라는 이 열 한 살 소년은 동굴 같은 집에서 엄마와 산다. 집 주인이며 유일한 남자인 그레고리(뱅상 카셀 분)는 여러 명의 부인을 두고 그녀들의

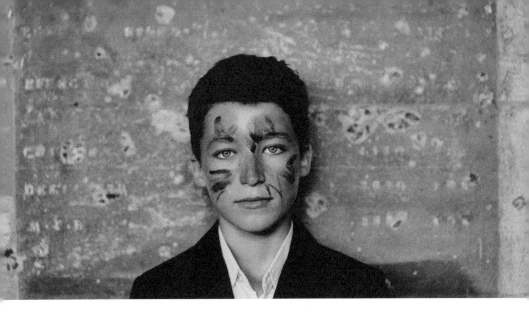

아이들과 사랑을 나누며 가족으로 유대관계를 이루고 있다.

그레고리는 아이들에게 살인시험이라든가 저격을 완벽히 소화할 수 있는 능력테스트라든가 그에 따른 학습을 시키고 평가한다. 그는 아버지의 역할을 하며 동시에 암살자를 키우는 교관이기도 하다.

호주 출신 아리엘 클레이만 감독은 선댄스영화제에 이 작품이 처음 상영되면서 세계에 알려지기 시작했다. 한국에는 제16회 전주국제영화제 개막작으로 선정되었다.

감독은 영화에 대해 어릴 때부터 암살범으로 키워진 소년 암살단의 인터뷰를 보고 각본을 썼으며 아이들을 세뇌시켜 아무런 생각이나 감정 없이 사람을 죽인다는 것은 끔찍한 일이라는 생각이 들었다고 했다. 시나리오를 쓰면서 그는 암흑 세상에 갇힌 아이들의 미래에 한 줄기 동아줄이라도 던져주려 노력하지만 영상 속에선 그다지 빛을 발휘하진 못한다.

영화의 시작은 관객들 스스로 판단해서 미혼모라고 지칭하게 되는 임산부가 병실에 누워있다. 한 남자가 가족이 없는 여인에게 다가가 꽃 한 송이를 건넨다. 거미줄에 걸린 파리 같은 인연이 시작되는 순간이다.

클레이만 감독은 영화를 통해 사회에서 버림받은 약자들의 비애를 보며 그들이 얼마나 많은 고통과 어둠속에서 살고 있는지에 대한 항변을 하고 있다. 사회가 자신들을 버렸다는 강박관념에 그레고리의 동굴은 외부와 차단된 철벽을 두른다. 그 예로 그레고리가 반항하는 알렉산더에게 자신이 이렇게 살아야 하는 이유를 설명해주는 신에서 알 수 있다.

"내가 화상을 입고 고통스러울 때 앰뷸런스 소리가 났다. 난 반가워 뛰쳐나갔지만 구급차는 나를 구해주지 않고 부자촌으로 갔다."

그런 사회에서 약자들은 스스로가 방어하고 협동하여 뭉치고 더욱 단단해져야 한다는 게 그레고리의 신념이 되었다. 알렉산더와 아이들이 암살을 하는 킬러로 교육받는 정당한 이유라는 의미이다. 자신과 같은 사회적 버림을 받지 않게 하기 위한 수단이라는 것이 여인들과 아이들의 생각을 묶어둔다. 단단한 성 안에서 왕처럼 군림하며 여러 여인들과 쾌락의 밤을 보내고 아이들의 생일에는 잊지 않고 성대한 파티도 열어준다.

이중적 성격을 보이는 그레고리는 살인 청부업자에게 돈을 받아 생활비로 쓰고 있다. 그는 잘 훈련된 소년병을 땅위로 올려 보내며 킬러로서의 냉철함을 잊지 말고 임무를 수행하라 이른다. 사회의 부조리에 항거한다는 정당성의 명분을 내세우지만 타당성은 전혀 없다.

세상 밖을 알지 못하는 천진한 아이들은 주인이며 아버지이며 대장과 같은 그레고리의 지시를 어길 수 없다. 엄마와 자신들의 생명줄 같은 그이기 때문이다. 물감 넣은 총으로 사격연습을 시키고 정확성이 떨어지면 무서우리만치 다그치지만 아이들은 어쩌지 못한다.

파티를 위해 닭을 잡으려던 날, 알렉산더는 새로 들어온 가족 리오가 그레고리에게 덤비는 것을 보고 놀란다. 자신을 포함해 여인들 누구도 리더이며 가장인 그에게 대항하는 것은 어불성설이다. 그런데 리오는 당당히 할 말을 하고 산다. 세상과 단절하고 부조리에 철벽을 두르고 사는 그레고리와 그를 둘러싼 세상 밖에서 살아가기 힘든 여인들, 그녀들과 자식들은 리오의 저항이 놀랍고 후환마저 두렵다.

스크린에 꽂힌 관객들의 시선마저 불안에 흔들린다. 이슬람 극단주의자들의 테러가 한창인 현재 지구촌은 가뜩이나 불안함에 마음 편할 날이 없기 때문이다. 밤낮으로 들려오는 테러와의 전쟁에서 뉴스 속의 소년병들도 긴 총을 들고 이리저리 뛰어다니는 상황이 매우 안타깝다.

유토피아를 꿈꾸는 살인교관 그레고리 역의 뱅상 카셀은 그가 아니었다면 영화 '소년, 파르디잔'은 탄생하기 어렵지 않았을까하는 열연을 보인다. 밤이면 몽환적인 분위기에서 여인을 탐닉하는 신은 배우란 어떤 배역도 완벽해야 한다는 것을 몸으로 보여준다. 어쩌면 바람둥이 제우스가 아름다운 여신들을 양팔로 거느리고 있는 느낌마저 흐른다. 뱅상이어서 가능한 연출이다. '소년 파르디잔'은 뱅상 카셀과 제레미 샤브리엘의 열연으로 어린 제레미의 표정연기는 관록과 카리스마의 명배우 뱅상을 위협할 수준이다. 칭찬이 아깝지 않다.

이 두 배우를 보면 떠오르는 얼굴이 있다. 뤽 베송 감독의 영화 '레옹' 역시 어른 킬러들의 세계에서 얼떨결에 복수의 화신이 되어 킬러가 된 마틸다(나탈리 포트만 분)와 레옹(장 르노 분)의 관계다. 레옹은 킬러지만 마틸다 부모의 죽음과는 관계가 없다. 하지만 어린 소녀에게 킬러의 길을 가게 도와준다. '소년 파르디잔'과는 시나리오나 연출의 관계도가 다르지만 어린이들의 세계에 어른들이 관여하여 미래를 파괴하는 것은 다를 바가 없다.

마틸다는 가족들이 살해됨을 알고 위기에서 구해준 나쁜 킬러마저 그녀에겐 따스한 손길이다. 한편으론 무척 어른스럽고 강하다. 알렉산더는 태어나면서 깊은 행복을 느끼지 못했다. 킬러의 손에 키워지며 소년병으로 자란다. 많은 여자들 속에서 엄마는 항상 외로웠고 자신은 엄마를 행복하게 해주기 위해 노력한다. 킬러로 자라는 아이들의 반란이 영

화를 집중시킨다.

알렉산더는 리오의 탈출계획을 듣고 침묵한다. 어둡고 칙칙한 빈민가에서 사람을 죽이고 돌아서던 그는 다시 죽은 사람을 돌아본다. 바닥에 흘린 흥건한 피를 감각 없는 눈으로 바라보던 알렉산더는 집으로 돌아와 그레고리와 엄마 사이에서 태어난 동생을 안고 동굴 깊은 구석으로 들어간다.

세상을 모르는 아기를 보면서 알렉산더의 두 눈은 고뇌와 절망으로 가득하다. 뒤따라온 지배자이며 아버지이기도 한 살인교관과의 시선싸움에서 알렉산더가 승리한다. 카메라는 놓치지 않고 미래에 뒤바뀔 리더의 얼굴을 클로즈업 시킨다.

감독 아리엘 클레이만은 그레고리라는 인물을 통해 피해망상에 빠져 만들어진 암살단 요새를 알렉산더라는 소년병에서 멈추게 될 것이란 희망의 메시지를 전하고 있다.

엔딩을 보면 한국영화 '봄 여름 가을 겨울'이 겹쳐진다. 아이가 어른이 되고 또 다시 아이가 탄생되듯이 두 영화는 불가에서처럼 윤회하는 맥락을 보여준다. 비록 자신은 파르디잔으로 키워졌지만 동생만은 그 길을 걷지 않게 하겠다는 일념이 죄의식이라곤 전혀 찾을 수 없었던 어린 알렉산더를 변화시킨다.

클레이만 감독은 인터뷰에서 "알렉산더는 비극의 영웅과 같다."고 말한 것처럼 킬러의 세계에서 벗어나고 자신의 정체성을 찾게 되는 소년은 슬픈 영웅의 눈망울을 갖고 있다. 어린 동생을 안고 고뇌하는 장면은 제레미 샤브리엘 만이 소화할 수 있는 명품연기다.

이민자 The Immigrant, 미국, 2013
— 개척자처럼 여인들을 이끌고

사람들은 언제나 좀 더 나은 삶을 추구한다. 그럭저럭 배고픔만 면하며 사는 것은 산다고 할 수 없다는 생각이다. 후손들은 더욱 잘 살기를 바란다. 항상 지금보다 내일은 나아지리라는 믿음으로 하루를 살아간다. 밝은 미래와 희망의 여신을 찾기 위해 죽을 때까지 뛴다. 그래서 사람이다. 영화 '시티 오브 조이'에는 많은 농촌 사람들이 도시를 동경하며 몰려든다.

메마른 고향 땅을 생각하면 도시는 판테온처럼 느껴진다. 비록, 이민자는 아니지만 그들이 당해야 하는 일상은 타국의 이민자와 다를 바가 없다. 꿈의 터전은 생각보다 무섭다. 이와 닮은 영화가 있다. 영화 '이민자'는 전쟁으로 부모를 잃은 자매가 조국 폴란드를 버리고 아메리칸 드림을 좇아 미국 뉴욕으로 간다. 첫발을 닿기도 전에 불행은 그들을 기다리고 있다.

영화를 들여다본다.

　제1차 세계대전이 끝나자 유럽은 혼돈의 시기가 된다. 많은 사람들이 아메리칸 드림을 꿈꾸며 미국으로 몰려들었다. 폐결핵에 걸린 여동생 마그다(안젤라 사라피언 분)를 데리고 이민선에 오른 에바(마리옹 꼬띠아르 분)도 미국에 입국하는 길이 살길이라 믿는다.

　뉴욕 자유의 여신상이 바라다 보이는 엘리스 섬에는 수많은 이민자가 입국심사를 대기 중이다. 동생 마그다는 전염성이 있다는 이유로 격리되고 에바는 거주지가 불확실하다는 이유로 입국거부 직전이다. 때마침 한 남자가 구세주처럼 나타나 입국허가를 받아준다. 오갈 데 없던 에바는 그를 따라간다.

전쟁의 상흔은 세계가 앓은 홍역과도 같다. 가해자나 피해자나 국민들은 모두 피해자일 뿐이다. 폴란드에서 전쟁 통에 부모를 잃은 에바는 여동생 마그다를 데리고 아메리칸 드림을 꿈꾸며 이민선에 올랐다. 사람들은 그 속에서도 죽음과 사투했다.

에바는 입국심사에서 대기자 명단에 오르자 불안해한다. 빼앗긴 여동생 마그다를 찾아야 했고 조국 폴란드로 돌아갈 수는 없었다. 그녀는 전혀 알지 못하는 브루노(호아킨 피닉스 분)의 친절에 감사한다. 낯선 이국땅에서 잠자리를 제공해 주고 추위를 견딜 수 있게 해준다면 의심스럽긴 해도 달리 방법이 없다. 누가 그런 상황에서 정확한 판단할 수 있었겠는가.

감독 제임스 그레이는 이민자들을 통해 미국의 풍요로운 삶을 동경하는 전쟁 후 유럽인들의 심리를 사실적으로 그리고 있다. 빵 한 조각을 더 먹기 위해 사람들은 이민선에 몸을 싣지만 입국조건은 까다롭기만 하다. 감독은 시대상을 적나라하게 표현하며 잔잔한 연출로 관객을 흡입하고 있다. 1920년대의 미국은 유럽에 비해 풍족한 편이었다. 유럽 사람들은 미국으로 향했다. 하지만 그런 상황들은 미국의 겉모습이란 것을 감독은 보여준다. 미국도 실상은 그다지 좋지 않았지만 유럽에선 느끼지 못했을 뿐이었다.

이민선에서 이미 에바에 반한 브루노는 나쁜 소문을 퍼트려 그녀를 가질 계획이었다. 거주지인 삼촌의 주소를 빼돌리고 입국거부와 여동생을 떼놓는 등의 비인간적인 행위를 서슴지 않았다. 브루노는 위기에 처한 여인들이 쉽게 극복할 수 있는 방법을 알고 있었다.

그는 극장식 바에서 쇼를 하며 매춘행위를 하는 호스트였다. 그가 하는 일은 아메리칸 드림을 꿈꾸며 이민선에 오른 여인들을 골라 입국심사에서 누락되게 만들어 자신이 소유하는 것이다. 자유의 나라에 첫발을 닿기도 전에 불행을 선사하는 도시의 어두운 모습이 브루노를 통해 적나라하게 펼쳐진다.

감독은 미국의 실상을 브루노와 에바를 통해 리얼하게 보여주려 한다. 브루노를 연기한 호아킨 피닉스는 이 영화에서 정점을 찍는다. 그는 쇼 호스트로서의 미래가 불확실한 상황에서도 내일을 위해 개척자처럼 여인들을 이끈다. 실제상황처럼 리얼한 묘사는 호아킨의 연기가 극중 장면으로 관객들을 몰입하게 만든다. 그의 눈빛연기는 영화 도입부에서 이미 카메라를 끌어들였다. 물론, 제임스 그레이 감독의 시나리오는 에바역의 마리옹 꼬띠아르에게 올인하고 있다. 그녀의 명성은 '다크 나이트 라이즈' '미드 나잇 인 파리' '인셉션' 등을 통해 더 이상 나열하지 않아도 될 만큼 관객들에게 익숙하다. 그렇다 해도 영화란 남자주인공의 역할이 따로 있다는 점을 감안하면 호아킨 피닉스의 열연은 에바라는 여인을 좀 더 매력적인 배우로 상승시키는데 공이 크다.

예를 들면, 브루노는 우여곡절 끝에 에바에게 사랑을 고백해 보지만 좌절당한다. 그녀에겐 첫눈에 반한 마술사가 마음에 있었다. 사랑하지만 표현하지 못했던 브루노는 사촌이며 연적인 마술사 올란도(제레미 레너 분)를 죽이고 싶도록 미워한다. 살해할 의도는 없었지만 결국은 사랑 때문에 사촌 올란도를 죽이고 에바와 도망자가 된다. 올란도의 죽음 앞에서 호아킨의 애절한 눈빛은 절정에 달한다. 가수 바비 킴의 노래 '사랑 그 놈'이라는 단어가 저절로 떠오르게 만드는 열연이었다. 호아킨의 광기서린 울음은 감독이 원했던 연출을 뛰어넘고 관객들에겐 그에 대한 기대치를 배가시켰다.

올란도역의 제레미 레너는 어떤가. 에바의 사랑을 받는 그는 어려운 환경에서도 쾌활하면서 미래지향적인 삶을 살아간다. 클럽에서 브루노가 자리를 비운사이 마술 쇼를 하며 사람들을 유혹한다. 마술사로 가장 적합한 제레미 레너의 연기는 표정에서 읽을 수 있다. 그의 얼굴은 항상 밝음이다. 마술 쇼를 본 에바는 첫눈에 반한다. 올란도 역시 에바를 사랑하게 되자 브루노는 질투 때문에 감정조절이 되지 않는다. 두 남자의 살인극은 제레미 레너의 경망스런 사실적 연기에서 두드러진다. 영화의 핵심에서 분리되기도 한 부분이지만 그의 연기력도 인정할 만하다.

미국의 어수선한 경제 속에서도 매춘사업은 그럭저럭 유지된다. 브루노는 클럽에서 내쫓긴 뒤, 삶을 유지하기 위해 노숙자들이 많은 터널에

서 매춘을 시작한다. 에바는 자유의 여신상 분장을 하고 기다리지만 남자들은 그녀에게 욕설과 돌팔매만 퍼붓는다.

카메라가 마리옹 꼬띠아르의 얼굴을 클로즈업한다. 그녀의 모습을 멀리서 따라가던 앵글은 화면가득 슬픔과 고뇌에 찬 이민자의 모습을 잡아낸다. 어떤 배우도 그녀처럼 말없는 시나리오 속에서 빛을 발할 수 있을지 의문스럽다. 그녀의 인생은 여동생 마그다로 인해 살았고 앞으로도 살아가야 할 숙명처럼 생각한다.

한마디로 희생적인 행동은 많은 말이 필요치 않았다. 눈빛과 얼굴 표정, 행동에서 무언의 한을 토해내는 그녀에게 그레이 감독이 믿고 맡기지 않을 수 있을까. 짙은 화장을 한 그리스 신화에 나올 법한 얼굴의 소유자 마리옹 꼬띠아르는 영화 이민자에서 느와르적 연출로 카메라가

줌업 될 때마다 관객들을 숨죽이게 만든다.

　매춘이란 굴레에서 삶을 유지해야 하는 에바는 추악한 현실에도 적응하기 위해 노력한다. 여주인공의 절제된 내면연기와 처연한 모습에서 이민자의 아픔을 고발하고 있다. 그녀의 메소드 연기는 거장 감독들이 믿고 선택할 만큼 이미 정평이 나있다.

　그레이 감독은 이민자의 시나리오 앞에서 다른 생각이 없었다. 오직 마리옹 꼬띠아르 뿐이었다. 여배우 선정은 이민자라는 타이틀에 맞게 그녀가 최적임자라는 생각이 든 것이다. 잠깐이지만 마그다역의 안젤라 사라피언의 열연도 자못 진지하다. 관객들마저 영상속이 아닌 현실에 부닥친 그들의 불안한 모습에서 한 순간의 착각을 불러온다. 두 남자 사이에서 어느 편도 들 수 없었던 에바의 선택이 가슴 짠하게 남는 영화다.

　최초의 창녀라는 직업을 가진 여인들은 신전에 살았으며 신도와 다산제의에 의해 사랑을 나눴다고 한다.

스윗 프랑세즈 Suite francaise, 영국 프랑스 캐나다 벨기에, 2014

— 그대를 사랑하기에

전쟁의 역사는 누구도 알지 못한다. 신들의 세계에서 시작되었다는 교과서적인 발언은 무책임한 말이다. 하지만 좀 더 디테일한 사실을 알고 싶어도 길이 없다. 인간들은 전쟁을 일으키고 포화 속에서도 때론 가슴시린 사랑을 생산한다.

영화 '트로이'에서 전쟁에 참여한 아킬레스(브레드 피트 분)는 트로이 왕녀이며 사제인 브리세이스를 보고 첫눈에 반한다. 치열한 전투는 계속 되었고 신의 아들 아킬레스는 적국의 여인을 사랑한 죄로 목숨을 잃는다.

미케네왕국의 대장인 아킬레스처럼 독일군인들도 프랑스를 점령하고 짓밟았지만 그 중엔 브루노와 같은 고뇌하는 군인도 많다. 더욱이 사랑이 개입되는 전쟁은 고통이 배가된다. 트로이의 전쟁 신 아킬레스나 독일군 장교 브루노나 그들의 사랑무게는 같다. 전쟁과 사랑, 참 아프다.

영화를 읽어본다.

프랑스의 평온했던 작은 마을 뷔시에도 독일 군이 밀려온다. 가정마다 군인들은 한사람씩 거처를 잡는다. 장교인 브루노(마티아스 쇼에나에츠 분)는 가장 잘사는 마담 안젤리어(크리스틴 스콧 토마스 분)의 저택에 머물게 된다. 마담과 그녀의 며느리인 루실(미셸 윌리엄스 분)은 불안과 공포감을 안고 그를 맞는다.

의외로 독일군 같지 않게 브루노는 예의가 바르며 매일 피아노를 친다. 첫 눈에 끌리던 루실과 장교는 석 달 동안 서로 바라만 보다 마음을 연다. 군인이 되기 전에 작곡을 공부했다는 브루노는 루실을 위해 피아노 작곡을 한다. 브루노와 루실은 적대 관계이지만 서로 마음이 통하는 사람임을 알게 되고 불안한 사랑은 시작된다.

감독 사울 딥은 이 영화에 정성을 다했다. 여느 영화들도 심혈을 기울여 만들지 않은 작품이 없겠지만 특히 '스윗 프랑세즈'는 그랬다. 시나리오의 원작자인 유대인 이렌 네미로프스키가 세계대전을 직접 겪었고 그 격랑의 파고에 생을 마쳐 더욱 마음 아팠기 때문이다. 전쟁은 언제나 아픈 사랑을 만들고 진한 상처를 남기는 혼란한 시대의 산유물이 분명하다.

사울 딥은 이렌 네미로프스키의 원작을 보며 전쟁의 광기를 느꼈고 그녀의 시점으로 이 영화에 색채를 입혔다고 말했다. 사울은 흥분된 마

음을 최고의 영상미로 펼쳐 놓는다. 배우들의 캐스팅에 있어서 브루노 역은 독일인처럼 생겨야 하고 장교복이 가장 잘 어울리며 독일어가 가능한 사람이어야 했다.

그는 우울하고 고뇌의 눈빛에 찬 적임자를 선택하는 데 성공한다. 바로 마티아스 쇼에나에츠였다. 벨기에 출신인 마티아스는 독일어를 구사하고 감독 사울이 원하는 브루노역의 완벽함을 표현하는데 모자람이 없었다.

여배우인 루실은 어떤가. 시어머니의 표독함을 인내하고 사랑하지 않는 남편을 기다리고 친구들의 따돌림을 감내해야 하는 우아한 고독을 몸으로 표현할 수 있어야 했다. 그녀가 미셸 윌리엄스다. 어딘지 부족해 보이는 어정쩡한 모습에서 대저택의 지적인 며느리로, 사랑하는 남자와 가슴 짠한 플라토닉러브를 나누는 여자로 그렇게 잘 어울릴 수가 없다. 또한 빼놓을 수 없는 한 사람은 영화의 한 축을 잡고 있는 여인 순악질 여사 마담 안젤리어이다.

그녀는 땅을 빌려주고 월세를 받으러 다니며 세입자의 사정은 안중에 없는 여인이다. 프랑스 군인으로 전쟁터에 나간 아들을 그리워하며 며느리를 소유물처럼 데리고 다니는 날카로운 눈매의 마담 역을 제대로 선보인다. 포화 속에서도 한 점의 인정마저 갖지 않은 악랄한 지주의 모습과 적으로부터 소작인 벤와 라베리를 목숨 걸고 숨겨주는 조국애의 이중적인 연기가 깊이와 닿는다.

아들을 생각하는 모성이 겹친 열연은 그녀가 있기에 이 영화에 대한 관객의 시선이 좀 더 집중할 수 있게 만든다. 영화의 흥행은 원작보다 떨어졌지만 감정을 건드리는 연출은 사실에 입각해 완성된 최고 수준이다. 감독 사울의 배우에 대한 안목이 적중한 예라고 할 수 있다. 촬영은 프랑스에서 몇 장면을 찍었고 나머지는 벨기에서 촬영하였으며 배우들의 영상 속의 관계 계급차이는 각국의 독특한 영어 어법을 활용하였다고 한다.

전쟁 중인 영화에 흐르는 음악은 관객의 마음마저 흔들고 있다. 영화 '레미제라블'의 음악을 맡았던 릴 존스가 처연한 선율을 삽입해 영상미는 더욱 돋보인다.

브루노와 루실은 마담의 칼 같은 시선을 피해 사랑을 확인한다. 짧고 강렬한 순간의 조명은 흑백처리로 관객의 호흡마저 멈추게 만든다. 촬영감독 에두아르드 그라우는 실내는 어둡고 창밖은 햇살이 눈부시게 쏟아지는 영상을 선보인다. 그의 의도는 시나리오의 존재가 실화에 준하기 때문에 좀 더 진실에 가까운 묘사를 하기 위한 설정이 아니었는지 모른다.

다양한 영화에서 사용되고 있는 카메라이기도 하지만 에두아르드는 연속적 이미지가 하나로 연출되기 위해 35mm카메라를 사용했다고 한

다. 덕분에 루실과 브루노의 호흡은 한층 돋보였다. 영상이미지의 효과가 하나의 실루엣처럼 펄럭인다.

브루노 역의 마티아스 쇼에나에츠는 군복이 정말 잘 어울리는 남자였다. 요즘 대세인 송중기와 진구가 군복을 입은 가장 핫한 배우라고 하지만 마티아스의 독일 군 장교복도 정말 못 말리게 어울린다. 그의 눈빛은 우수에 차고 전쟁의 소용돌이에 피폐해가는 평범한 사람들을 바라볼 때마다 고통을 느끼는 브루노의 내면을 들여다볼 수 있게 한다.

뷔시의 시장을 총살시키고 다시 확인사살을 해야 하는 순간은 그의 눈빛이 젖어 있음을 본다. 상관의 명령을 어길 수 없는 자신이 싫고 이 전쟁이 싫은 독일 군 장교 브루노로 빙의된 것 같다.

　영화 '제독의 연인'을 보면 제1차 세계대전이 일어나고 해군 함장 코르차크(콘스탄틴 카벤스키 분)는 너 죽고 나 죽는다는 군인정신으로 해전에서 승전을 거둔다. 축하파티가 열리던 날 그는 운명의 연인 안나(엘리자베타 보야르스카야 분)를 만난다. 둘은 목숨을 버릴 만큼 사랑한다. 하지만 단 한 번도 깊은 사랑을 주고받은 적 없는 관계의 이상한 텔레파시 사랑이다.

　'스윗 프랑세즈'의 브루노와 루실의 관계가 그렇듯 두 영화는 닮아있다. 안나는 간호원으로 우연을 가장해 코르차크가 멈추는 전쟁터를 함께 누빈다. 브루노는 어떤가. 짧은 순간 첫눈에 반한 연인을 살리기 위해 고군분투하며 전쟁에 회의를 느끼고 자신을 버린다. 두 사랑은 진실이었다. 루실은 고통스럽다. 사랑하는 남자에게 떨리는 손으로 총을 겨누고 있다. 장교는 흐느끼는 그녀를 보내준다. 이 장면은 엔딩 크레딧이 올라가며 내레이션으로 막을 내린다.

브루노가 자신 때문에 목숨을 잃었거나 자살했음을 들려준다. 관객들 모두 먹먹한 아픔으로 그의 미래를 생각한다. 루실의 미셸 윌리엄스는 말없이 매력을 발산한다. 앙다문 입술에 시어머니의 표독스런 눈총을 묵묵히 받아내고 촌스러운 듯 순수해 보이는 의상은 그녀의 존재를 강하게 어필하고 있다.

의상감독 마이클 오코너는 동시대에 맞는 의상을 만들기 위해 노력했고 가장 잘 표현해주었다. 스태프 모두가 기록의 사실을 잊지 않고 촬영에 임한 수고로움이 느껴진다.

영화는 전쟁이라는 무거운 주제를 안고 실화라는 프레임 속에서 실타래를 풀어나가듯 카메라를 이동시켰다. 약간의 각색을 입힌 시나리오는 두 주인공이 스칠 때마다 관객들도 함께 아쉬움을 느낄 만큼 심리적 연출력이 뛰어나다. 그들이 피아노를 매개체로 시선을 주고받는 사이 관객 또한 공통된 마음이 전파되는 이유다.

영화는 영화만으로 끝맺음 하는 건 아니다. 진실과 거짓 그 속에서 관객에게 전하고자 하는 감독의 메시지를 읽을 줄 알아야 제 값을 치른 영화를 보았다고 할 수 있겠다.

원작자인 이렌 네미로프스키는 아우슈비츠에서 1942년 사망하였다. 점령당시에 미완성이었던 작품이 62년이 지나 출간되었고 영화 '스윗 프랑세즈'로 재탄생되었다.

워 호스 War Horse, 미국 인도, 2011
─ 전장에 핀 감성의 한 컷

    동물과 인간의 관계는 상당히 밀접하다. 신화에서도 소나 말, 뱀 등 다양한 동물들이 인간과 함께 가까이하고 있었음을 알 수 있다. 미국에서 늙은 침팬지가 웨이터생활을 하다 그만둔다는 방송을 예전에 보았다. 개는 먼 곳에서 잃어버려도 몇 달이 걸려 집을 찾아온다는 뉴스나, 화재로 인해 죽어가는 사람을 구했다는 일화도 가끔 들었다.

    말 역시 아무리 먼 곳에 버려두어도 자기 집을 스스로 찾아간다. 흔히 사극에서 보면 주인이 말 잔등에 업혀 기절한 채 집으로 가는 연출을 종종 본다. 주인의 휘파람소리에 득달같이 달려가 잔등에 올리고 총총 머리칼 휘날리며 휘리릭 사라지는 말을 보면 사람과 동물들의 교감은 놀라운 일이다.

    김지운 감독의 영화 '좋은 놈, 나쁜 놈, 이상한 놈'에서 돈만 주면 뭐든 하는 현상금 사냥꾼 박도원(정우성 분)은 쫓고 쫓기는 위기상황에서도 자신의 애마에게 다정하게 다독인다.

"괜찮을 거야, 우리는 할 수 있어."

애마는 알아듣는 것 같다.

동물과 사람이 교감할 수 있는 것은 반복된 훈련과정에서 서로에게 친밀감을 느끼며 익숙해 졌기 때문이다. 여기 관객의 마음을 사로잡는 가슴 짠한 영화 '워 호스'가 있다.

영화를 읽어본다.

알버트(제레미 어바인 분) 가족은 소작농이다. 아버지는 주정뱅이에다 전쟁터에서 다친 한쪽다리를 잘 쓰지 못해 일을 하지 못한다. 가진 것도 없어 땅을 빌려 개간하고 농작물을 심어야 하는데 집안환경이 어렵다. 땅을 개간할 말을 사기 위해 경매에 나간 아버지는 어린 말을 두고 땅주인과의 자존심 싸움에서 이기기 위해 어처구니없는 거금을 들여 조이를 사게 된다.

아내는 조이를 환불하라고 악을 쓰지만 알버트는 엄마에게 애원하며 매달린다. 자신이 최선을 다해 조이를 훈련시켜 농토개간을 하겠다는 약속을 한다. 알버트는 사랑으로 조이를 훈련시키고 진정한 교감을 나눈다. 땅주인은 조이를 빼앗긴 앙갚음으로 집세를 올리며 괴롭힌다.

제1차 세계대전이 일어나고 아버지는 조이를 영국군 장교 니콜스(톰 히들스턴 분)의 군마로 팔아넘긴다. 조이는 두 번째 주인을 만나 전쟁

터로 끌려간다. 파란만장한 여정의 시작이다.

이 영화는 감독 스티븐 스필버그의 새로운 휴머니티를 보여주는 명작으로 관객들에게 희망과 순수함을 선사한다. 매번 보여주는 작품마다 강렬한 인상을 남기는 감독은 영화를 연출하는 데 있어서 영상으로만 그치는 게 아닌 관객들에게 전하는 메시지가 특별하다.

스필버그감독이 만든 '라이언 일병구하기'를 보면 전쟁의 참혹함을 전하면서 그 속에 담긴 미국인의 또 다른 감정 선을 드러내 보인다. 아들 셋을 잃은 부모의 마음을 헤아려 마지막 남은 아들 하나라도 살리기 위해 라이언 일병을 구하러 노르망디전투 속으로 특수대원들을 보내는 국가의 행위는 휴머니티가 살아있다는 의미다. 또 다른 상황은 라이언 일병을 구하기 위해 대원들이 많은 적을 사살하고 대수롭지 않게 지나가는 장면이다. 독일군들이 보았을 때 그들 역시 적이라는 의미다. 전쟁의 아수라 속에서 선과 악의 차이는 군령에 의할 뿐 개인의 의지는 필요치 않다. 상대는 무조건 적이기 때문이다.

감독은 '워 호스'에서처럼 선악의 경계가 없음을 시사한다. 독일군이 모두 악인인 것도, 연합군이나 미군이 완전 선한 것도 아니라는 것이다.

알버트와 헤어진 조이는 두 번째 주인인 장교 니콜스를 만난다. 그는 조이를 사랑하고 아낄 줄 안다. 하지만 전투 중 니콜스는 전사하고 독일군에 잡힌 조이는 우여곡절 끝에 흑마와 함께 도망을 간다. 흑마는 조이보다 먼저 영국군 군마로 장교 스튜어트(베네딕트 컴버배치 분)의 애마였다. 상당히 아름다운 자태를 갖고 있으며 영리한 말이었다. 흑마를 사랑하고 아끼던 장교역의 베네딕트는 부대를 이끌며 뭔가 할 것만 같았지만 관객들의 기대를 무산시키고 가장 무능하고 빠른 어처구니없는 퇴장을 해버린다. 유명배우의 이름값은 없었다. 감독이 실수한 것 같은 느낌이 든다.

조이의 세 번째 만남은 할아버지와 사는 소녀의 집에서 평온을 찾은 것 같았지만 곧 잡혀 전장으로 끌려온다. 이 장면에서도 선과 악의 논리는 분별력을 잃는다. 부모를 잃고 외롭게 사는 소녀의 마음을 헤아려달라는 할아버지의 애원을 무시하고 군인들은 식량과 조이를 탈취해 간다. 손녀의 간절한 소망을 꺾어버린 그들은 독일군도 아닌 자국군인들이기에 할아버지는 더욱 화가 치민다. 훗날, 할아버지의 도움으로 알버트와 조이는 집으로 돌아간다. 전쟁이 일어난다면 노인과 아이들, 동물의 피해가 가장 심각한 것을 영화는 보여준다.

이처럼 자국민이면 사정을 어느 정도는 봐줘야 할 것 같지만 막상 전쟁이 터지면 적군과 다를 바가 없다는 게 감독이 전하는 메시지라 할 수 있다.

조이는 흑마저 잃고 공포에 질린다. 쏟아지는 포탄을 뚫고 조이는 맹렬히 달리고 달린다. 안개가 자욱하게 끼고 어스름한 새벽녘까지 정신없이 달리던 조이는 양 진영에서 대치중인 국경 철조망에 온 몸이 감기는 사고가 발생한다. 조이의 신음소리에 독일군과 영국군이 동시에 귀를 기울이고 영국군 측 한 장병이 먼저 하얀 깃발을 들고 조이에게로 다가간다. 상사는 돌아오라고 명령하지만 듣지 않는다. 독일군도 한 사람이 절단기를 들고 나타나 서로가 힘을 합쳐 숨이 붙어있는 조이의 몸에서 철망을 힘들게 풀어낸다. 이 장면에서 감독은 인간의 마음은 다르지 않음을 보여주는 휴머니티 그 자체다.

어떤 영화에서든 이런 클리셰적인 연출은 사용되지만 관객들도 마찬

가지다. 장면의 결과물에 대해 그럴 것임을 알고 있지만 다시 놀라고 감동을 받음으로서 새로운 영화를 기다리게 된다. '워 호스'를 보면서 영화의 정점을 느낄 수 있는 장면은 철조망에 찢어지고 죽음 직전인 이말 한 마리를 두고 전장은 적도 아군도 아닌, 잠시의 휴식과 정전을 맛보는 고요의 순간이다.

알버트도 조이를 찾기 위해 군인이 되어 전장으로 나왔다가 두 눈에 심한 부상을 당한다. 말이 상처를 입고 들어왔다는 소식에 알버트는 그들만의 소리로 끝내 조이와 상봉한다.

영화는 감독의 이름만으로 관객들을 움직일 수 있다. 하지만 막상 개봉을 하고 하나씩 풀어보면 실망할 경우가 가끔 나온다.

예를 들면, '워 호스'에서 알버트의 역할은 미미하다. 그나마 엔딩까지

조이와 알버트는 함께 집으로 돌아가는 설정이다. 그렇지만 그 둘이 함께하고 해야 하는 것은 인간에게 길들여지지 않았을 때의 만남이 있었기 때문이다. 다시 말해서 알버트를 만나기 전에 조이는 인간과의 교감이 되지 않은 시기였다. 알버트를 만나면서 깊은 훈련의 과정에서 교감이 이뤄진 것이다.

말의 여정을 그린 시나리오에 스티븐 스필버그라는 스케일이 다른 그만의 미장센이 덧보태져 영화는 짧지만 굵은 잔상을 남긴다.

한국전쟁 당시 '아침 해'라는 한국마사회 소속의 경주마가 있었다. 마주의 개인 사정으로 미군 군마로 팔려가 최전선에서 조이가 그랬던 것처럼 빗발치는 총탄사이로 혼자 포탄을 끌기도 하고 총을 나르기도 했다고 한다. 휴전과 함께 미군들과 미국으로 건너가 전쟁영웅들처럼 훈장을 받았고 동상도 세워졌다는 기록이 있다.

　'아침 해'의 일생을 돌아보면 '워 호스'의 '조이'가 낯설지 않다. 스필버그 감독만이 진실을 알겠지만 너무 흡사한 여정에 놀랍기만 하다. 우리들의 '아침해'가 우리 감독들의 손에 의해 재탄생되길 기대해본다.

귀향 Volver, 스페인, 2006
— 어머니는 강하다

영국 법원은 스티븐 씨와 그의 딸 커스틴 양을 구속했다. 스티븐은 대학시절 사귄 여자 친구 사라와의 사이에 딸을 두었다. 스티븐은 사라가 임신한 사실을 전혀 알지 못했다. 커스틴이 태어나자 사라는 입양을 보냈다. 25년이 지나 스티븐과 커스틴이 연인으로 만났다. 둘은 부녀지간임을 뒤늦게 알았지만 서로 사랑한다. 결국, 근친상간 죄로 체포되었다. 독일에서도 입양되었던 친 남매가 20년 만에 만나 결혼해 살다가 처벌을 받았다.

한국도 예외 없이 뉴스에 자주 등장한 사건이다. 두 명의 친딸을 10년 넘게 성폭행한 아버지가 구속되었다. 큰딸은 아버지의 만행에 견디다 못해 자살을 했다. 작은 딸은 한강에서 자살 직전 구조되었다. 더욱 놀라운 것은 할머니에게 사실을 털어놓고 도움을 요청했지만 도리어 야단만 맞았다고 한다. 어느 아버지는 장애를 가진 친딸을 성폭행해 구속

되었다. 세상엔 있을 수 없는 일들이 곳곳에서 일어난다.

영화 '귀향'은 겉으로 들어난 사건들과 영상 속에서 전하는 메시지엔 차이가 있다. 주인공 가족은 타향살이 끝에 고향으로 돌아가는 해피엔딩 같지만 속내는 가족의 분열과 근친상간이라는 뜨거운 아픔을 내포한다.

영화를 읽어본다.

라이문다(페넬로페 크루즈 분)와 동생 쏠레(롤라 두에냐스 분)는 어렸을 적 마을 뒷산에 큰불이나 부모를 잃는다. 둘은 고향을 떠나 마드리드에 정착한다.

라이문다는 세탁소에서 일을 하지만 수시로 직장을 때려치우는 남편 때문에 하루하루가 팍팍한 삶이다. 비가 오던 날, 세탁소에서 퇴근하던 라이문다는 버스 정류장에서 비를 맞으며 자신을 기다리는 딸 파올라(요하나 코보 분)를 만난다. 비에 젖은 파올라는 정신이 멍한 듯 보인다. 딸과 함께 집으로 돌아온 라이문다는 주방으로 들어가다 비명을 지른다. 남편이 칼에 찔려 죽어 있었기 때문이다.

라이문다가 딸에게 무슨 일이냐고 묻자 아빠가 자신에게 바지를 내리고 껴안으려 했다고 말한다. 부엌칼을 들고 겁을 줬지만 너는 내 친딸이 아니니 괜찮다고 말했다며 울먹인다. 라이문다는 파올라에게 "너는 모르는 일이다. 아빠는 내가 죽인 거야." 그리곤 처참한 현장을 치운다. 아주 진한 색감으로 종이 타월은 붉게 피로 물든다. 늦은 밤 딸과 라이문다는 남편의 시신을 포장해 빈 식당으로 옮겨 냉동고에 넣어둔다.

스페인의 거장 페드로 알모도바르는 특이한 사람이다. 그가 연출한 작품들을 보면 상당히 색감이 짙다. 영상으로 비친 그림으로만 봐도 우선 강렬함을 느낄 수 있다. 그만이 가진 특징적 묘사이지만 화면가득 진한 여운을 함께 남기는 열정도 존재한다. 그의 작품 '그녀에게'를 보면 멜로처럼 보이지만 현실적 공감대를 불러일으키며 예술적인 작품으로 탄생시킨다. 알모도바르 감독은 특유의 상상 볼에 서구식 판타지색감을 입혀 영상으로 옮겨 놓는 전문가답다.

이 영화 '귀향'은 충격으로 남는다. 딸이 친아버지에게 성폭행을 당해

딸을 낳고 그 딸이 다시 양부에게 성폭행을 당하는 먹이사슬과 같은 경
악을 금치 못할 사건 자체이다.

　감독 페드로 알모도바르는 무얼 말하려는 걸까 고민할 필요도 없다.
그런 남자들은 불에 타죽어도 할 말이 없고 칼에 찔려 죽어도 마땅하다
고 생각한다. 참으로 끔찍한 형벌이지만 그렇게 할 수밖에 없었다는 정
당성을 부여하며 그는 여성들의 손을 들어준다.

　성실하게 살던 자신을 배반하고 이웃이던 친구와 사랑에 빠져있던 남
편을 혼내주기 위해 산에 불을 질렀던 것은 죄의 유무를 떠나 결론은
살인이며 무서운 방화범이다. 또한, 라이문다의 딸 파올라가 자신을 성
폭행하려던 양부를 죽인다. 정당방위라고 해도 살인은 변하지 않는다.

영화를 보면 남자의 바람기가 죄의 근원이 되었다. 감독은 라이문다 어머니를 법적으론 처벌하지 않는다. 그녀는 평생 숨어서 귀신처럼 살아야했지만 살아 있다. 남자들은 다르다. 친딸을 성폭행하고 임신시킨 것도 모자라 바람까지 피웠던 남편은, 아내가 산에 불을 질러 타 죽었다. 친딸이 아니라며 어린 딸을 성폭행하려 했던 아빠는 딸의 칼에 찔려 죽게 만든다.

알모도바르 감독은 살인과 근친 간의 성폭행이 난무하는 영화에서 뒤집기의 연출을 선보인다. 그의 작품엔 전매특허 같은 안타까운 죽음이 자주 등장하지만 결과는 잔잔한 감동과 극적인 순간에도 유머를 주고 희망과 사랑을 보여준다.

예를 들면, 작품 '그녀에게'는 두 가지의 결말이 존재한다. 베니그노가 알리샤에게 바친 헌신과 아무런 노동도 없이 어부지리로 돈을 버는 것과 같은 마르코를 보면서 아픔은 버리고 미래의 희망으로 전환시킨다. 감독의 밝은 성격이 드러나는 연출이다.

영화 '귀향'에서도 비극적인 상황과 희망이 가득한 미래의 시작을 알린다. 관객이 슬픔을 느낄 때 희망을 심어주는 연출을 고수한다. 감독의 영화에 대한 메시지는 비극 뒤에도 반드시 새로운 희망이 있으니 좌절하지 말라는 의미가 함축되어 있다.

이랜느(카르멘 마우라 분)가 어쩔 수 없는 상황에서 남편에게 겁을 주려고 한 행위가 살인이 되어버린 경우라고 대변한다. 그녀도 벌을 안 받는 것은 아니다. 죽을 때까지 숨어서 귀신처럼 살아야할 테니까. 죽은 사람과 다를 바가 없다. 파올라의 살인은 엄마인 라이문다의 모성으로 대신한다.

세상의 모든 어머니는 강하다. 영화에서 보듯 스페인 여인들의 강한 모성은 알모도바르 감독을 통해 알 수 있다. 영화에서 라이문다 어머니는 매우 강하다. 그림자 있는 유령처럼 숨어 살아가지만 끈기 있게 삶을 유지하고 딸과의 대면에서도 담담하게 진실을 털어 놓는다. 가족이란 관계가 끈끈한 유대감으로 다가온다. 죽은 자와 산자의 현실과 비현실, 유령이라 생각하는 환상 같은 일상의 영화적 현상들이 녹아있는 이 작품을 감독은 페미니즘적인 성향으로 관객에게 선사한다. 살인사건이 일어났지만 그다지 뚜렷한 사건도 동반되지 않은 것처럼 편안해 보이는 영상 속 잔잔함에서 유머를 캐내고, 공포스러운 분위기지만 관객의 시선은 엔딩의 화려한 꽃잎으로 마쳐되고 있을 뿐이다.

영화의 실제 배경인 라만차에는 죽은 사람이 죽기 전에 해야 할 일을 하지 못한 이가 있다면 다시 영혼으로 돌아와 묵은 때를 씻고 간다는 전설이 있었다고 한다. 지역마다 무서운 전설은 꼭 있게 마련이다.

'귀향'에서 라이문다 역의 페넬로페 크루즈는 칸영화제에서 여우주연상을 수상했다.

감독 페드로 알모도바르는 이 영화를 '세상의 모든 여성들에게 바치는 헌사'라고 표현했다. 그만큼 여성들의 권위를 세워주고 약자에서 비롯된 남성과의 관계에서 동등함과 정당성을 부여한다. 그가 만든 작품들은 유럽영화제에서 인정해주었으며 그는 뛰어난 감독이다.

트래쉬 trash, 영국, 2014
— 생각과 생각 사이에 또 다른 공간이

영화 '내 이름은 칸'에서 주인공 칸의 어머니가 항상 아들에게 하는 말이 있다.

"칸, 세상의 사람들은 좋은 행동을 하는 사람과 나쁜 행동을 하는 사람으로 나뉠 뿐, 사람이 좋고 나쁜 것은 없어."

칸은 어머니의 말을 믿고 길을 떠나지만 그에게 다가온 시련들은 어머니의 말을 이해하기 힘들게 만든다. 비록 빈곤하게 살아도 어머니는 올바른 교육을 시킨다. 하지만 모범이 되어야 하는 수많은 사람 중에는 믿을 수 없는 사람들이 꽤 많다.

스티븐 달드리 감독의 영화 '트래쉬'는 국민과 나라를 위해 일해야 하는 정치인과 경찰이 부정부패에 찌들어 벌어지는 사건을 다룬다. 경찰은 뇌물을 받고 정치인의 하수인이 되어 빈민가의 사람들을 마음대로 짓밟는다. 아이들은 분노하여 경찰과의 싸움을 시작한다.

영화를 들여다본다.

쓰레기가 산을 이루고 있는 곳에 마을이 있다. 아이들은 산을 타듯 쓰레기더미 위로 올라가 재활용품을 찾아낸다. 14살 소년 라파엘(릭슨 테베즈 분)은 쏟아지는 쓰레기 속에서 붉은 지갑 하나를 발견한다. 라파엘은 가르도(에두아르도 루이스 분)에게 돈을 나눠 주고 지갑은 주머니에 넣는다. 경찰들이 곧 들이닥치고 현상금까지 걸며 아이들을 겁박한다. 예삿일이 아님을 직감한 두 소년은 입을 굳게 닫고 하수구에 사는 친구 들쥐(가브리엘 와인스타인 분)를 찾아가 지갑을 맡긴다. 지갑 속에 든 의문의 열쇠를 본 들쥐는 지하철 사물함 열쇠임을 금방 알아본다.

소년들은 목숨 건 모험을 감행하고 경찰은 폭력단들처럼 그들을 뒤쫓는다.

영화의 시작은 산더미 같은 쓰레기하치장이다. 더럽고 지독한 냄새가 화면 밖으로 흘러나올 것 같다. 아이들은 나름대로 삶을 터득한다. 재활용품을 찾아내 생활의 보탬을 만들어간다. 가족들도 쓰레기터 옆에 마을을 이루고 살지만 아이들은 밝다. 종일 악취와 싸우며 하루를 연명해나간다. 그들의 삶은 희망이 없어 보인다. 하지만 하늘에서 내려다본 하치장은 햇살이 가득 덮고 있다. 태양이 그곳을 비추는 것은 빈민가에도 희망이 존재한다는 것을 감독은 에둘러 시사한다. 그건 라파엘과 친구들이 정의를 위해 목숨 건 모험을 강행하는데 있다. 그런 과정에서 진한 우정을 쌓고 비록 빈민촌의 생활이지만 꿈을 향해 나간다.

영화 '트래쉬'에는 감독이 말하고자 하는 주제의 의미에 깊은 속내가 내재되어 있다. 하지만 관객으로 하여금 어렵지 않게 가면속의 얼굴을 찾을 수 있게 배려하고 함께 생각하자는 메시지를 보낸다. 쓰레기가 단지 하치장의 쓰레기만은 아니라는 건 이미 영상을 통해 확연히 드러나고 있다.

예를 들면, 쓰레기가 나타내는 더러움은 슬럼가의 표현이다. 그 속을 헤집고 먹고사는 사람들에게 보내는 냉소적인 발언 역시 쓰레기다. 일반적이라고 보기엔 많이 껄끄러운 점도 있지만 다양한 영화들에서 그

런 내용을 볼 수 있다. 또한, 붉은 수첩을 찾으려고 라파엘을 잡아 경찰들이 중죄인에게나 행하는 자동차 고문을 할 때는 차마 볼 수가 없다. 수십 명의 경찰들이 수색대를 만들어 아이들을 죽이려 대놓고 총을 쏘아대는 장면은 쓰레기들이라는 단어가 저절로 나온다.

감독 스티븐 달드리는 자신이 추구하는 세계가 현재는 어둡지만 미래는 정의롭고 환한, 그래서 올바른 자가 살아남는다는 강한 멘탈의 소유자다. 그는 아이들을 통해 미래를 대변한다. 라파엘과 가르도와 들쥐는 비록 쓰레기를 뒤지며 생활하지만 악한경찰에 굴하지 않는다. 비겁하고 냉혹하고 잔인하게 빈민가의 사람들을 쓰레기 취급하는 일들을 서슴지 않았기 때문이다. 경찰을 믿을 수 있거나 정의로운 사람으로 보지 않는 이유도 많다.

약한 자를 괴롭히고 부정부패를 일삼는 다는 것을 라파엘과 친구들은 어리지만 잘 알고 있다. 아이들 역시 경찰을 쓰레기로 본다. '트래쉬'의 다르지만 같은 의미인 감독 스티븐 달드리의 현실감각이 돋보이는 연출방식이다. 어떤 물건의 용도가 하나로만 사용되는 것이 아니듯 사람의 생각과 생각사이에는 또 다른 공간의 빈틈이 존재하는 이유다.

영화 '트래쉬'는 정치인의 막강한 힘을 보여준다. 부패로 찌든 정치인이 자신의 비서인 오른 팔에게 전 재산을 빼앗기고 국가 공권력을 함부로 휘두른다. 거기에 놀아나는 비리 경찰과장(셸튼 멜로 분)은 쓰레기 하치장과 마을을 불바다로 만든다. 감독은 정신 나간 정치인이나 그의 수족이 되어 움직이는 경찰을 보면서 관객들이 쓰레기라고 치부하는 장치를 만든다.

그렇다면 그들을 어떻게 잡아들일 것인가 하는 심각한 문제는 어린 아이들만으론 해결하지 못한다. 가난한 자들을 돕는 신부님(마틴 쉰 분)과 자원봉사를 하던 올리비아(루니 마라 분)가 도움을 준다. 아이들의 미래를 보장하기 위해서 자구책을 강구하던 올리비아는 동영상을 찍기로 한다. 감독이 선택한 강력한 전파력은 인터넷이라고 생각했다. 아이들이 브라질로 돌아가 죽지 않고 잘 살려면 우선되는 조건이 가해자였던 부패 정치인의 처벌이다.

동영상은 현재 지구촌의 인구 모두가 빠르게 볼 수 있는 눈이라 생각한 감독은 가해자에게 벌을 주고 피해자인 아이들에게 빵과 자유라는 승리를 안긴다. 시나리오에 진부한 느낌을 지울 수 없지만 그것 또한 영화의 한 단면이기도 하다.

영화 '트래쉬'는 어른들의 부도덕한 행위에 피해를 입은 아이들의 모험의식이 돋보인다. 정의를 구현하기 위한 것은 어른들의 몫이다. 그 반대의 경우엔 아이들이 어른들을 일깨울 수 있다는 감독의 메시지는 현재 어른들의 모습에서 반추해 볼 수 있다. 죄를 지으면 대가가 반드시 따른다는 필연적 의식을 부패한 사람들이 인식하지 못한다는 데서 문제가 파생된다.

영화를 보면 아이들의 연기는 실제상황처럼 리얼하다. 경찰과장이 아이들을 쫓고 아이들은 하수구를 통해 이리저리 도망 다닌다. 라파엘이나 가르도의 연기가 불꽃처럼 강하게 와 닿는 건 정말 묘한 감동이다. 까다롭지 않은 시나리오에서 감독의 연출은 고수의 향기를 맡게 된다. 더불어 아이들의 모험은 관객에게 스릴과 재미가 덤으로 함께 한다.

이 영화의 원작 소설은 '앤디 멀리건'의 『트래쉬』였다. 미국도서관 협회 최고의 책으로 선정되었고 영화는 제 9회 로마국제영화제 관객상을 수상했다. 많은 상들이 있지만 영화를 망하게 하거나 또는 흥하게 하는 사람들은 관객이다. 당연히 관객이 주는 상이 최고가 아닐까 한다.

스티브 달드리 감독은 이 영화를 위해 브라질 리우현지에서 공개오디
션으로 배우를 뽑았다. 1년이란 오디션 기간 동안 수천 명이 응모하였
고 감독은 세 아이를 선정했다.

라파엘역의 릭슨 테베즈와 가르도의 에두아르도 루이스, 하수구 들쥐
의 가브리엘 와인스타인은 영화 속의 주인공들처럼 실제 빈민가에 살
면서 오디션 공고를 보고 참여했다고 한다.

감독은 이들에게 연기를 지도했고 아이들은 실제 빈민생활의 경험을
살려 영화의 흐름에 맥을 살렸다. 시나리오의 빈약함을 제외하면 아이
들의 연기는 프로급이다.

스티븐 달드리 감독 하면 떠오르는 영화가 '더 리더'다. 사랑의 아픔

과 진실 왜곡의 경계선에서 갈등하는 소년의 성장은 많은 관객에게 연민을 느끼게 했다. 주인공이 당시 고교생이었던 마이클역의 데이빗 크로스였다. 감독은 소년의 성장과정을 참고 기다렸다. 영화 캐스팅 당시의 나이가 15세였다고 한다. 성인영화에 참여할 수 없었던 건 당연한 일이었다. 데이빗 크로스가 성년이 되길 기다렸다는 제작진과 감독의 끈기는 영화에 대한 집념이다.

스티븐 달드리의 배우선택은 배역의 적합성이다. 그가 내놓은 작품에서 관객들의 몰입도를 보면 알 수 있다. 감독은 배역에 적절한 배우를 선택하는 데 시간을 아끼지 않는 그만의 고집이 상당하다. 결과적으로 '트래쉬'의 세 소년이 탄생되었고 평범한 시나리오였어도 관객은 영상에서 시선을 놓지 않는 밝은 영화로 탄생되었다.

chapter 02

화장 한국, 2014
─ 중년의 암울한 뒷모습

"잘 자요. 난 당신을 만날 거야."

우여곡절 끝에 만난 노아와 앨리는 병원 침대에 누워 있다.

삶의 끈을 놓은 아내 앨리의 손을 잡고 그녀 곁에서 노아도 조용히 숨을 거둔다.

닉 카사베츠 감독의 영화 '노트북'의 마지막 영상으로 사랑하며 살다 한 순간 함께 떠날 수 있다면 얼마나 좋을까 하는 생각이 든다. 많은 관객이 공감한 장면이다.

영화 '화장'에서 오상무가 중년의 무거운 삶을 축 처진 어깨 위로 짊어지고 걸을 때, 그가 느껴야 할 고독의 무게는 감당하기 어렵다. 그런 순간에는 더욱 노아가 부러울지 모른다.

타키타 요지로 감독의 영화 '굿 바이'에선 삶과 죽음을 하나로 묶는다. 주인공인 다이고는 납관 일을 하면서 죽은 자의 얼굴에 생전의 아름

다웠던 모습으로 화장을 해준다. 시신에서 뿜어져 나오는 역한 냄새도 깨끗이 제거해 살아있는 듯 평온하게 보이도록 하기 위함이다.

　화장의 의미는 발음은 동일하지만 삶과 죽음 두 가지로 나뉜다. 영화 '화장'은 보고나면 마음이 더 무거워지는 누아르 형식의 시나리오라고 볼 수 있다.

　영화를 들여다본다.

　오 상무(안성기 분)는 화장품 회사의 중역이다. 바쁘게 돌아가는 업무를 마치고 직원들과의 회식도 빠지지 않는다. 활력이 넘치는 회식자리에서 빠져나오고 싶지 않다. 하지만 무언가 옥죄어 온다. 술에 취해서도 자신을 기다리는 아내가 있는 병원으로 향한다. 4년이란 투병기간 동안 반복되어온 기계적 일상이다. 때맞춰 회사에는 시선을 사로잡는 매력적인 여인이 있다.

병실 간이침대에서 쪼그리고 잠을 자다 아내의 숨이 멎는 소리를 듣는다. 아무런 동요 없이 자동적으로 손이 움직인다. 전등을 끄듯 호흡기의 스위치를 내린다. 딸과 처제에게 알리고 자신은 비뇨기과로 간다. 밤사이 가득 찬 소변 주머니를 털어낸다. 환상 속에 상여가 나가고 검은 옷의 사람들 속에 붉은 와인색의 원피스를 입은 추은주가 자신을 바라보며 거기에 서있다.

임권택 감독은 이 작품에서 인간의 보편적인 감정과 사고를 독특한 시선으로 그려내고 있다. 누구나 오 상무의 처지가 된다면 그랬을 거라는 메시지는 감독 특유의 연출기법으로 관객에게 전달된다. 아내의 간병에 심신이 지쳐있던 오 상무는 직원들과의 회식을 제안하는데 자신이 마음에 둔 여직원 추은주(김규리 분)를 보기 위한 의도였다.

추파를 던지지도 않으며 회사에선 그다지 대우를 달리 해주는 것도 없다. 다만, 그녀를 가까이서 바라볼 뿐 어떤 행동도 취하지 않는다. 상당히 세련되고 노련한 세월의 두께를 입은 남자의 기술적 표현이기도 하지만 그것은 자신감이 추락한 중년의 상사가 보이는 원초적인 마음일 수도 있다.

임 감독은 오 상무를 통해 중년이 되면서 사회에서의 따돌림과 육체

의 변화에 과도기를 맞은 남자의 속내에 카메라를 투영하고 있다. 젊음
이란 단어 자체가 생과 연결고리다.

사실, 배우이며 탤런트인 김형자 씨도 젊은 후배들의 회식자리에 참
석했다가 그들이 불편해 하는 말을 듣고 기가 죽어 돌아왔다는 말을 했
었다. 사회의 따돌림은 그렇게 형성된다.

오 상무의 눈에 생기발랄한 추은주는 살아있음의 증거물과 같고 그녀
의 일거수일투족은 아름다움의 극치를 보인다. 실제 영상 속의 김규리
는 생동감을 표출하기 위해 꽉 낀 셔츠나 힙을 강조해 볼륨감을 높였다.
카메라가 관객으로부터 시선을 고정시키려 한 장치와도 같다. 김규리
가 감독이 요구하는 상황 그 이상의 매력을 발산하고 있다.

그녀와 우연히 엘리베이터에서 손등이라도 스치면 오 상무는 자신의 온 몸에 전율이 돋는 생동감을 느끼게 된다. 아직은 죽음이 저 멀리 있고 심장은 추은주 곁에서 생기 있게 쿵쾅거리는 소리가 들리는 듯하다. 그녀와 함께이고 싶은 심장의 울림을 막힌 공간에서 길게 여운이 남도록 연출해 낼 수 있는 사람이 안성기란 배우의 노련함이다. 감독의 요구가 아니어도 스스로 상황을 연출해 낼 수 있는 배우는 그리 흔하지 않다.

밤새 아내의 병간호에 시달리면서 아내가 측은하지 않고 피곤함도 한계를 넘은지 오래다. 습관처럼 아내의 침상 아래에서 쪽잠을 자며 꿈속에서도 긴 머리 펄럭이는 추은주를 그린다. 겉으로 보이는 행동은 누가 봐도 아내를 위한 지고지순한 남편이다. 속내는 어떤가? 그도 일상을 벗어나고 싶은 평범한 남자일 뿐이었다. 여자들은 남자보다 촉이 좋다.

아내가 묻는다. "내가 죽었으면 좋겠지?" 그럴 때 남자들의 속내를 모르긴 해도 "그래"라고 말할 확률이 꽤 높을 것이라고 감독은 넌지시 전한다. 그게 이 영화의 보편적 남자의 진실 아니겠느냐고. 긴 병마에 효자 없다는 것을 관객들도 이미 알고 있다는 전제를 깔아둔 감독의 속내를 알 수 있다.

관객들도 여성과 남성이 느낌을 달리하듯 진실공방은 해봐야 알 것같다. 감독의 메시지는 오 상무란 사람은 우리들 곁에 있는 그 세대들의 자화상이며 대변인이었다. 눈물은 보이지 않지만 매일 울고 있는 중년의 모습은 서글픔으로 다가온다.

감독이 요구하는 그런 중년의 위기에서 변태적이면서 사실적인 마음속 표현은 안성기라는 배우가 아니면 도저히 떨림이 다가오지 않을 수 있다. 처음 본 추은주에게 시선이 가고 마음을 빼앗긴 오 상무는 지겨운 일상과 불안한 육체의 고통 속에서 잃어버렸던 감정을 끌어올린다. 그것은 오 상무의 일탈이 아닌 감독이 생각하는 중년의 마음이 살아있어 괴로운 심연의 고독이다. 임 감독이 원하는 감정선을 안성기는 배신하지 않는다.

추은주(김규리 분)를 바라보는 오 상무의 시선은 다름 아닌 삶에 대한 갈망이다. 아내의 병수발은 극에 달한다. 처제나 딸이 있어도 그를 대신해주지 않는다. 늦은 시각 병실에서 딸과 함께 밥을 먹던 중 아내의 지독한 변 냄새가 사방을 휘젓는다. 딸은 처음 겪는 상황에 어쩔 줄 몰라 하지만 오 상무는 아무런 표정이 없다. 수저를 놓고 아내의 변을 말끔히 치운다. 역겨운 냄새와 엄마의 비참한 모습에 화가 난 딸을 집으로 돌려보낸다. 언제나처럼 향기 스프레이로 칙칙 뿌려 허공에 떠도는 냄새를 제거한다. 아내는 수치스런 순간을 피하기 위해 이불 속으로 머리를 구기듯 넣는다. 변기 위에 걸쳐놓은 아내의 앙상한 몸을 닦아주는 이 장면은 영화에서 외설이냐 예술이냐 다툼의 장면이 되었다.

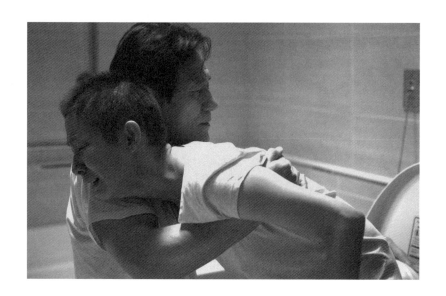

　임권택 감독의 지나친 과욕으로 구태여 그렇게 드러내지 않아도 상황 설정만으로 영상처리가 될 수 있었다는 등의 찬반이 오가는 팬들의 목소리는 높다. 임 감독 대부분의 작품들이 그렇듯 직설적 영상을 보이고 있다. 관객을 향한 심리전을 다루는 것 보단 드러내어 세밀하게 보이며 현실성을 전달하는 게 영화의 질을 높인다고 생각한 것 같다.

　여성의 가장 은밀한 곳을 적나라하게 드러내 놓은 채, 남편인 오 상무는 아내의 그곳을 깨끗이 닦아준다. 아내에겐 치욕스럽다고 느끼는 생각마저 호사인 처지다. 자신이 직접 닦겠다고 하지만 마음과 달리 몸을 가누지도 못한다. 임 감독과 촬영감독만이 임했을 이 신은 안성기 뿐만 아니라 김호정이란 배우에게도 상당한 고통이었다는 후문이다.

그의 무미건조한 목소리는 아내의 촉을 건드린다. 아내는 자신에게 최선을 다하는 남편이지만 죽을 때까지 사랑을 확인하고자 한다. 그녀는 별장으로가 남편과의 마지막 정사를 치르려 준비하고 오 상무는 그런 아내를 위해 비아그라를 먹는다.

감독은 말한다. 이 장면이 만약 현실이라면 이럴 때, 과연 남편이 그녀를 사랑해서 비아그라를 먹었을까. 아내에 대한 마지막 사랑표현이라 할 수도 있겠지만 그건 의미 없는 행위일 뿐이라고. 뼈가 부스러질 것 같은 아내의 육신 위에서 헌신하듯 노력하는 정사장면은 차마 안쓰러워 못 볼 지경이다. 오 상무는 상상 속에서 추은주를 정사의 대상으로 치환시킨다.

감독은 관객에게 잔인한 현실을 받아들여야 한다는 것을 요구한다. 죽음을 목전에 둔 아내에게 성행위를 한다는 것은 중년에겐 더더욱 힘든 벌칙과 같다. 오 상무는 추은주의 알몸을 떠올린다. 얼마나 많은 관객이 그에게 돌을 던졌을지 결과는 미지수다.

오 상무의 시선을 느낀 추은주도 때맞춰 파혼하고 그의 곁을 서성인다. 아내의 상을 치르고 별장에서 추은주를 기다리던 오 상무는 도리어 그녀를 피해 달아난다. 슬리퍼를 끌고 허황하게 걸어가는 중년의 뒷모습은 우울하지만 관객이 바라는 엔딩일수 있다.

영화를 보면서 임권택 감독의 연출에 고수의 향기를 느낀다. 물론, 그

렇게 되기까지 안성기란 스타와 김호정이라는 두 배우의 메소드 연기
가 아니었다면 할 수 없는 일이다. 우리의 정서로 봐서 최고 난이도를
가진 작품이라고 볼 수 있다.

영화 '화장'은 문학상 수상작인 김훈의 소설을 원작으로 삼았다. 임권
택 감독은 102번째인 이 작품으로 칸을 비롯하여 세계 유명 영화제에
서 극찬을 받으며 자신을 재 각인시켰다.

와즈다 Wadjda, 사우디아라비아 독일, 2012
— 이슬람여성운동의 한 획을 긋다

여성에 대한 차별은 세계 곳곳에 존재한다. 나라마다 알게 모르게 여성이란 존재만으로 많은 수모와 차별이 행해지고 있다. 다만, 차별이 좀 더 심하거나 덜 할 뿐이다.

영화 '씨민과 나데르의 별거'를 보면 이슬람율법의 엄격함을 알 수 있다. 남편 호얏(샤하브 호세이니 분)의 빚을 갚기 위해 간병인으로 온 라지에(사레 바얏 분)는 치매 환자를 돌본다. 환자가 대소변을 가리지 못하고 옷을 버리자 씻겨주는 게 율법에 타당한지 상담소에 묻는다.

그런 과정에서 라지에는 율법을 어겨 죄를 짓는 것은 아닌지 불안과 겁에 질린다. 이슬람의 율법은 여성에게 통제와 사회관습을 지킬 것을 정해놓고 요구하고 있다. 영화 '와즈다'에서도 이처럼 여자가 해서는 안 되는 일들이 율법으로 정해져 있다.

영화를 들여다본다.

초등학교에 다니는 와즈다(와드 모하메드 분)는 압둘라와 친하게 지낸다. 매일 자전거를 타는 압둘라(압둘라만 알 고하니 분)를 보면서 와즈다는 자신도 자전거를 타겠다고 말한다.

엄마(림 압둘라 분)는 아빠(술탄 알 아사프 분)가 다른 여자와 결혼하려하자 괴로워한다. 옷가게에서 빨간 드레스를 입어본 엄마는 그 옷을 입으면 아빠가 자신을 더욱 사랑해줄 것이라 말하면서도 드레스를 사지 않는다. 아무리 아름다운 드레스를 입는다 해도 그는 돌아오지 않으니까. 아빠는 아들을 얻기 위해 무조건 다른 여자와 결혼을 해야 하기 때문이다.

매일 고통스러워하는 엄마를 보면서 어린 소녀 와즈다는 남아선호사상과 관습에 염증을 느낀다. 와즈다는 남자만 탈 수 있다는 자전거를 사겠다는 결심을 한다.

영화는 사우디아라비아의 사회에 대한 시위라고 볼 수 있다. 한 소녀가 성장하면서 아빠가 왜 다른 여자와 결혼을 하는지 알지 못한다. 엄마는 아빠를 붙잡지 못하고 아빠는 하기 싫은 결혼을 무엇 때문에 하는지도 이해되지 않는다. 거실 벽에 붙어있는 나뭇잎이 그려진 그림은 와즈다 가문의 가계도이다. 그곳에는 엄마도 와즈다의 이름도 없다. 사우디아라비아의 관습과 세습을 보여주는 여성차별 장면이다. 와즈다는 평등을 생각한다.

　매일 우는 엄마를 보는 와즈다의 내면연기는 가슴이 먹먹하게 다가온다. 와즈다는 남성 전용물인 자전거를 보면서 반드시 사야겠다는 마음을 먹는다. 사회에 도전하겠다는 어린 소녀의 당찬 희망이다. 자전거를 사겠다는 생각에 돈을 모으지만 뜻대로 되지 않는다. 학교 선배언니의 연애편지를 배달해주고 상대 오빠에게 리베이트 거래를 하는 장면은 관객들에게 폭소를 자아낸다. 하지만 거래 속에는 소녀의 강렬한 자유의식이 숨겨져 있는 걸 알 수 있다.

　감독이 제시한 선구자적 행동과 생각은 자전거가 해답이다. 여자는 탈 수 없다는 틀에 박힌 생각들을 하면서 모두가 반대하는 자전거는 여성들의 개척정신과 세태에 대한 무언의 투쟁이기도 하다.

　코란을 외우지 못하던 와즈다는 상금을 받아 자전거를 사겠다는 일념으로 열심히 코란을 외운다. 학교에서 열리는 코란경전대회에서 당당히 우승을 하자 선생님은 와즈다에게 묻는다.

"상금으로 무엇을 할 거니?"

와즈다는 큰소리로 대답을 한다.

"자전거를 살 거예요."

선생님은 눈을 치켜뜨고 말한다.

"여자는 자전거를 탈 수 없다는 것을 모르니? 넌 상금을 기부하는 게 좋을 거야."

와즈다는 기부할 생각이 전혀 없었다. 화가 난 와즈다는 선생을 쳐다보며 비아냥거리듯 한마디하곤 돌아선다.

"잘생긴 도둑은 잡았습니까?"

와즈다의 눈빛이 살아있었다. 어린 소녀의 눈빛이 그토록 강렬할 수 있는지 관객들은 짜릿한 쾌감을 느낄 수 있겠다.

이슬람의 문화에서 자유연애란 있을 수 없다는 것에 문제가 있음을 보여주는 장면이다. 선생은 학생들에게 연애금지를 가르치고 자신은 잘생긴 남자와 연애 중이다. 들키지 않기 위해 밤마다 만나니 도둑으로 치부되는 상황이다. 그런 약점을 와즈다는 큰 무기로 내세운다. 상당히 간 큰 꼬마 숙녀다. 상금을 빼앗겨 실망한 와즈다에게 압둘라는 자신의 자전거를 준다. 이 장면은 자유연애다. 어린 친구들이어서 연애라고 할 것까진 없지만 가까이 사는 압둘라는 와즈다를 좋아한다.

이슬람의 사회문화와 관습을 어린 압둘라와 와즈다가 서서히 변화시키려 하고 있음을 알 수 있다. 압둘라가 와즈다에게 미리 청혼하는 것도 신세대의 미래를 열어가는 자유적인 발상을 나타낸다. 카메라는 사우디의 미래를 조용히 따라간다.

자전거를 사기 위해 팔찌를 만들어 팔지만 돈은 잘 모이지 않는다. 고민하는 와즈다에게 압둘라는 곁에서 위안의 말도 아끼지 않는다. 자유연애가 허용되지 않는 사회지만 아이들이란 이유로 둘은 붙어 다닌다. 그런 일들은 이슬람 문화라는 테두리 속에서도 완전히 옭아 매여 있는 것만은 아님을 은근히 보여준다.

감독 하이파 알 만수르는 이슬람이라는 테두리가 여성을 지나치게 억압한다는 것에 반기를 든다. 이 영화를 만들면서 사우디아라비아에서 여성들도 변해야 한다는 점을 강조한다.

여자는 왜 자전거를 타면 안 되는지 사랑하는 사람의 아이를 낳고 사랑하며 살고 있는데 아들을 얻기 위해 남편은 또 다른 여자와 결혼을 해야 하는 지도 마땅치 않다. 서양이나 동양처럼 자유연애를 할 수 있는 것은 인권의 자유다. 유독 이슬람 사회에서 여성의 행동에 제지를 받는다는 것은 고쳐야 할 점이라고 강조한다.

예를 들면, 와즈다가 일념으로 코란을 공부하는 이유는 자전거를 사기 위해서였다. 또한, 노력으로 대가를 치르기 위한 행위는 자유경제에 대한 발상이다. 자전거를 탈 수 없다는 것은 애초에 배제하고 선생과 모든 학생들이 바라보는 단상에서 상금의 용도를 말한다. 우리도 남자와 다를 게 없는 시민이라는 의식이 와즈다의 대답에 내재되어 있다. 모두가 원하지만 율법을 두려워하기 때문에 입을 닫고 산다. 선생님 자신도 율법에 어긋나는 자유연애를 하면서 관습이 무서워 숨기고 산다. 마치 도둑처럼 들락거리는 남자에 대한 소문을 마을사람이나 학생들은 이미 알고 있다. 다만 모른 척해주는 것이다.

감독은 같은 여성으로서 이슬람의 여성에 대한 사회성을 바꿔야 한다고 주장한다. 영화가 페미니즘적인 것도 아니다. 여성에게 억압이 아닌 자유를 줘야한다는 항의성이 짙다. '와즈다'가 이슬람의 세계에 변화를 일으킬 단초가 되길 희망하며 만든 작품이란 걸 관객들은 알고 있다. 사실, 영화를 통해 사우디아라비아의 여성들에 대해 생활과 풍습 등을 많이 알 수 있다. 외출할 때면 검은색 아바야를 꼭 둘러야 되고 남자와 마주치거나 하는 장소는 피하고 있다. 아내를 네 명까지 둘 수 있다는 것과 직업조차도 함부로 가져서는 안 되는 이유들은 당황스럽지만 그들의 율법이며 사회관습이다.

일반적으로 알고 있었던 사실들이지만 하이파 알 만수르 감독으로 인해 국제적으로 알려지는 계기가 되었다. 따지고 보면 이슬람권만 그런

건 아니다. 우리나라도 유교적인 사상이 심하던 때에 남아선호사상이 의외로 강했다. 아들을 얻기 위해 부인을 두고도 아내를 맞는 일이 허다한 적이 있었다. 사우디와 많이 닮은 부분이 있어 영화를 보면서 공감대가 크게 다가온다.

영화는 2012년 제69회 베니스국제영화제에서 3개 부문 수상하면서 이슬람문화에 대한 충격을 주었고 감독은 평단의 극찬을 받았다. 이슬람권에서 촬영하면서 목숨을 걸었다고 한다. 아바야를 두르지 않고 카메라와 배우들을 지휘한다는 것은 불가능했으며 테러의 위협도 많이 받았다고 말했다.

최초의 사우디아라비아 상업영화로 자리 잡은 '와즈다'는 이슬람 문화에 개혁바람을 일으켰다. 영화가

발표되고 세계적 관심사로 떠오르자 사우디아라비아에서는 여성도 자전거를 탈수 있게 되었다. 화려하지도 않으면서 잔잔한 영상들은 내적 감정을 깊이 있게 다룬다. 꿈도 있고 사랑도 있으며 희망이 있는 영화는 관객들의 마음을 사로잡는다.

감독은 율법에 의해 밖에서 촬영할 수 없었다. 자동차 속에서 모니터를 보며 진두지휘를 하였다고 하니 촬영기간 내내 고생은 보지 않아도 이해가 간다.

와즈다 역의 와드 모하메드는 영화의 가장 핵심인물이다. 기존배우가 아니라 수도 '리야드' 오디션에서 감독의 눈에 띄어 발탁되었다. 감독은 최고의 보석을 얻은 것 같다고 말했다. 와드 모하메드의 연기는 자신이 가지고 있는 당당함과 깊이 있는 눈동자 연기다. 실제 모하메드는 오디션참석 때 다른 연기자들과 달리 눈에 띄는 차림과 개방의식이 뚜렷한 소녀였다고 한다.

영화가 개봉되고 사우디아라비아의 여성인권에 대한 율법은 수정되었다. 점차적으로 개선될 희망이 보인다. 영화는 국제적 찬사와 더불어 이슬람여성운동의 한 획을 그었다. 짧지만 강렬한 의미 있는 영화로 평가된다.

초기 이슬람은 모스크에서 여성들이 예배를 드렸다. 차츰 무슬림사회에서 금지되기 시작했다. 여성들은 아들을 낳아야 지위가 부여된다고 했다. 10세기엔 두 눈만 보이게 하고 다녔으며 외출도 차이가 있었다고 이슬람 역사에 기록되어 있다.

하지만 기록과 차이가 있는 것은 지금도 많은 이슬람 여성들은 히잡이나 아바야, 니깝을 써야 외출할 수 있다. 사우디아라비아에서는 아바야를 두르지 않고 여성이 거리를 다닐 수 없다고 한다. 종교경찰에게 아바야를 두르지 않은 여성은 단속의 대상이라고 하니 아직 여성들의 갈 길은 멀어 보인다.

여성의 몸과 얼굴을 가리는 의상으로 히잡(얼굴만 남기고 머리카락은 감싸는 스카프), 아바야(히잡과 같이 하며 조금 더 얼굴과 목을 두르는 긴 스카프), 니깝(모두 감싸고 두 눈만 남긴 두건과 같은 것) 외에도 '차도르' '투르카' 등 여러 형태가 있다. 특히, 무슬림 여성들의 '니깝'에 대한 종교적 논쟁이 치열하다.

사랑에 빠진 것처럼 Like Someone in Love, 프랑스 이란 일본, 2012
— 마음의 창을 부수고 밖으로

영화 '은교'를 보면 노시인 이적요(박해일 분)는 어린 여학생 은교(김고은 분)를 사랑한다. 티 나지 않게 행동하지만 몸 전체에서 풍기는 사랑의 향기는 어쩌지 못한다. 와타나베가 아키코를 불러 마음을 다하듯 이적요도 은교가 비를 맞고 찾아왔을 때 드라이기로 교복을 정성스레 말려준다. 은교를 볼 때마다 심장은 두근거린다.

은교는 노시인의 도우미이고 아키코는 와타나베의 도우미다. 일을 돕는 도우미이든 육체적 관계의 도우미이든 그건 두 사람모두 중요치 않다. 그들은 어린 도우미를 통해 젊은 시절의 회상과 노년의 쓸쓸함에 대한 정신적 평온의 위안을 원하는 것인지 모른다. 은교에겐 서지우(김무열 분)가 있고 아키코에겐 노리아키(카세 료 분)가 있었다.

영화를 들여다본다.

도쿄의 작은 바에서 일하는 아키코(타카나시 린 분)는 남자친구의 전화에 시달리고 있다.

정작 남자친구는 아키코가 어디에서 무슨 일을 하는지 알지 못하기 때문이다. 시시콜콜 따지는 남친에게 걸리기 직전이다. 클럽주인 히로시(덴덴 분)는 자기가 존경하는 사람이 있으니 오늘 밤에는 그 사람에게 가줄 것을 권유한다. 아키코는 고향에서 할머니가 오시기 때문에 역으로 마중을 나가야 한다며 거부한다.

히로시는 갖은 감언이설과 주인의 입장을 내세우며 밤일을 가게끔 만든다. 대학을 다니며 아르바이트로 클럽 걸을 하고 있는 아키코는 어쩔 수 없이 할머니의 마중을 포기하고 또 다른 남자와 밤을 보내기 위해 택시를 탄다.

영화 '사랑에 빠진 것처럼'은 일본영화이지만 놀랍게도 감독은 관객들이 익히 알고 있는 이란이 낳은 거장 압바스 키아로스타미이다. 그의 연출은 화려하지 않다. 할리우드식의 스피드나 현란함은 보이지 않는다. 작품들 중 '내 친구의 집은 어디인가'를 보면 상당히 현실적이다. 주인공 '아마드'의 일상을 담담하게 표현한 것 같지만 사실은 이란의 전통과 문화, 느림속의 미학 등의 메시지가 담겨있다.

마찬가지로 '사랑에 빠진 것처럼' 역시 우리 주변의 사람들 이야기로 구성되었다. 자칫, 플롯이 단순하다는 생각이 들 수 있겠지만 깊게 들여다보면 영상은 고품격의 현실 토론장과 같다. 주인공들의 대화에 관객이 참지 못하고 훈수를 둘 수밖에 없는 장면들이 영상마다 존재한다.

이 영화 '사랑에 빠진 것처럼'에서는 첫 장면에 아키코가 히로시에게 떠밀리다시피 택시를 탄다. 누군지도 모르는 사람에게 전화 한 통으로 불려가야 하는 직업이 그녀는 원망스럽다. 할머니가 상경했으니 하루 쉬겠다고 사정해도 바 호스트인 히로시는 막무가내다. 그럴 때 관객은

히로시에게 한마디 건네고 싶어진다. '한번쯤 봐 주지.'

키아로스타미 감독의 영화 속에서는 언제나 사람 냄새가 난다는 평가가 그런 이유에서다. 그렇다고 다른 감독들의 작품에선 동물 냄새라도 난다는 의미는 아니다. 그가 특별나게 인정이 넘치는 감성적인 작품들이 관객의 마음을 잡고 있다는 뜻이다.

영화의 시작에서 주인공 아키코는 통화를 한다. 상대가 누군지 관객들은 시간이 얼마 흐른 뒤에 알게 된다. 계속 누군가에게 말을 하지만 그쪽이 보이진 않는다. 클럽 친구 나기사도 아키코 뒤에서 쉬지 않고 말을 하지만 대상은 보이지 않는다. 감독은 주인공들이 떠들어 대는 상황에서 관객의 마음을 읽고 있다. 현대인의 웃고 있지만 눈물이 난다는 말을 거들어 주는 각본이다.

아키코는 택시를 타고 손님 집으로 가면서 할머니 생각에 마음이 괴롭다. 거듭된 전화 메시지에는 할머니의 목소리가 애절하다. 대답해야 하는 사람은 아키코지만 그녀는 듣기만 한다. 눈물이 글썽이는 눈동자에는 네온이 반짝거리는 동경의 밤이 몽환적인 시선으로 다가온다. 이번 영화에서 감독은 유리창을 선택했다. 자신의 모습과 타인의 모습을 반사시키며 되돌아보는 시간이라고 할까. 도시인의 고독을 거울이란 매개체를 통해 영화적 이미지로 전환시킨 감독의 선택이 새롭게 펼쳐진다.

아키코는 택시 차창에 기대어 할머니를 생각하다 기사에게 기차역으로 가 줄 것을 부탁한다. 역에 도착했지만 그녀는 택시에서 내리지 않는다. 창밖으로 할머니를 바라본다. 할머니는 찾기 좋은 동상 앞에 안절부절 못하고 서 계신다. 손녀가 잘 보이게 환한 구부정한 모습으로 두리번거린다. 일본이든 이란이든 한국이든 할머니의 사랑은 추운 겨울날 따뜻한 솜이불과 같다. 키아로스타미 감독은 할머니들의 사랑이 세계 어느 나라든 다르지 않음을 보여주고자 한다.

카메라는 아키코의 시선을 따라 기차역을 돌고 택시 기사는 룸 미러로 아키코를 본다. 그녀가 찾아간 남자는 와타나베(오쿠노 타다시 분) 교수다. 한때는 히로시의 스승이었다는 그는 걸음도 겨우 옮기는 팔순이 넘어 보이는 노인이었다. 주점에서 술을 사던 그는 택시기사가 자신을 찾자 얼른 집으로 도망치듯 계단을 올라간다. 거실로 들어서기 무섭게 유리창을 통해 아래를 내려다본다.

이 장면은 현대인의 폐쇄된 공간적 삶을 유리를 통해 대리만족하고 있음을 시사한다. 밝고 넓은 곳에서 콜걸과 마주칠 자신도 없겠지만 어쩌면 늙고 추레한 자신의 모습을 드러내고 싶지 않은 속내가 포함돼 있다고 볼 수 있다. 젊음이 없어 다가온 젊음이 두려운, 그러나 젊은 마음이 잔재해 있는 허약한 노교수의 최소한의 자존심이 드러내기 두려워하는 이유다. 세상 밖을 차단하고 유리창을 통해 세상을 바라보면 속이

편해지는 그들만의 현실 탈출법이 사실은 영상 밖에서도 볼 수 있다는 게 감독은 안타깝다.

노교수는 그녀를 기다린다. 술을 사고 그녀가 좋아할 새우스프를 끓여놓고 현관문을 조금 열어놓고 왔다 갔다 한다. 바로 젊은이들이 사랑에 빠진 것처럼 하는 행동들이 그렇다. 심장소리가 쿵쿵 울릴 듯, 와타나베의 걸음걸이가 나름 바쁘다. 집안으로 들어온 아키코는 아무런 느낌이 오지 않는다. 자신을 부른 사람이 노인이든 젊은이든 놀라움도 없다. 사랑이 아니라 직업이기 때문이란 걸 관객들은 알고 있다.

감독은 그 상황 속에서 관객들의 마음에 또 다른 질문을 던진다. 와타나베는 여자와 잠을 자기 위해서 콜걸을 불렀을까 하는 의문이다. 그는 걷기도 힘들어 보이는 노인이다. 그럼에도 불구하고 여자를 불렀고 가슴이 두근거리며 그녀를 위해 정성을 다 한다. 아이러니한 상황이지만 관객 역시 공감하는 부분이다.

노리아키(카세 료 분)는 아키코와 결혼을 생각하지만 고민이 많다. 그녀를 학교에 데려다주고 기다리던 와타나베의 차에 올라탄 노리아키는 마음을 털어놓는다. 연인의 하룻밤 남자인 걸 알 리가 없는 그는 아키코의 할아버지라고 믿는다. 와타나베는 노리아키의 넘치는 기운을 본다. 노리아키가 말한다.

"결혼하면 아키코와의 불안정한 관계가 안정될 것이니 둘 사이에 진

실만 존재할 것이다"

와타나베가 교수답게 일갈한다.

"그것은 젊고 경험 없는 자들의 어리석은 소망이다. 상대가 거짓을 말할 것 같으면 아예 질문을 안 하는 게 삶의 지혜다. 그럴 수 있을 때 결혼할 준비가 된 거다."

이 대사는 명언으로 기록되어도 좋을 각본이다.

이 둘의 대화역시 카메라는 창을 통해 들여다본다. 아키코가 돌아와 둘을 보고 불안감을 감추지 못한다. 와타나베는 룸미러를 통해 걱정하지 말라는 눈치를 보낸다. 유리를 통한 대화이다.

아키코는 노리아키와 단둘이 만난 뒤, 얼굴에 상처를 입고 와타나베

의 집으로 온다. 교수는 약을 사오고 아키코를 위해 우유를 데우고 안절부절 못한다. 바로 '사랑에 빠진 것처럼'보인다. 하지만 그들의 마음을 읽는 것은 관객의 몫이다.

결국, 모든 것을 알게 된 노리아키는 거리에서 와타나베의 커다란 서재 유리창을 박살내 버린다. 감독은 남녀노소를 불문하고 차단된 생활에서 벗어나 유리창을 부수듯 마음의 창을 걷어내고 밖으로 나와 현실과 부딪치며 살길 바라고 있다. 그것이 이 영화를 탄생시킨 감독의 메시지인지 모른다.

노리아키는 자유인이다. 대학 다니는 친구들보다 자신이 우월하다고 생각하며 자신감이 넘치는 성실한 엔지니어다. 반면에 아키코는 대학

생활을 하지만 불안 속에 전전긍긍하며 산다. 대학교수직을 은퇴하고 번역 일을 하는 와타나베는 고독과 싸우며 틀에 갇혀 산다. 이들 중, 누가 더 나은 삶을 살고 있을까. 당연히 악동 같은 자유인 노리아키라는 결정이 내려진다.

와타나베와 아키코가 노리아키의 카센터에서 수리를 받고 있을 때도 그들은 차 안에서 불안에 떨었다. 그때, 노리아키의 "오라이~ 오라이~" 하는 소리가 관객의 귓가에 맴돈다. 집 안에 갇혀 어찌할 바를 모르던 와타나베는 과연 이 유리창을 벗어나 세상 밖으로 나갈 수 있을지 아니면 새로운 유리창으로 갈아 끼우고 세상과 단절한 채 살아갈지는 알 수 없다.

유리창이 깨지는 순간 카메라와 함께 사라져 버리기 때문이다. '이게 뭐지?' 관객들의 당황하는 소리가 키아로스타미 감독의 특징적 엔딩이었다. 거울에 비친 잔상으로 시작해 차창에 스며드는 고독과 현실의 아픔들, 유리창이란 프레임 속의 영상 이미지는 현대인의 이중적 아픔을 대변하고 있다.

어쩌면 감독은 외부와의 단절된 공간에서 이쪽에도 저쪽에도 서지 못하는 현대인의 삶을 정밀하게 선보이고자 한 것인지 모른다. 관객은 감독의 각본에 공감하는 부분이 상당하다. 그의 작품들이 대부분 자연주의적 현상을 고집하기 때문일 것이다. 와타나베 역의 오쿠노 타다시는

연극배우출신으로 여든 후반의 노구를 이끌고 촬영에 임했다. 그 나이
에 운전을 하면서 졸기도 하고 어린 여대생을 사랑스럽게 바라보는 엉
거주춤 할아버지 역은 '사랑에 빠진 것처럼'의 최고 공로자였다.

　키아로스타미 감독의 또 다른 실험적 영상을 보는 관객들은 많은 생
각을 덤으로 안고 가게 된다. 영화란 정말 대단한 시뮬레이션의 장이다.

내가 잠들기 전에 Before I go to sleep, 영국, 2014
―사랑, 참 어렵다

에로스의 화살을 맞으면 그 불길은 그냥 꺼지지 않는다. 모두 타서 재가 되어야 불길이 사라진다. 누가 화살을 먼저 맞았는지 모르지만 상처가 깊고 클 수도 있다. 사랑은 아름다운 포장을 쓰고 개인의 선택이 아니라 서로에게 중독되는 것이다. 사랑, 참 어렵다.

감독 버나드 로즈의 영화 '불멸의 연인'에서 베토벤(게리 올드만 분)은 한 여인에게 빠진다. 하지만 어떤 오해로 헤어지게 되면서 일생동안 그녀를 원망하고 저주하며 고독하게 살아간다. 그의 유언에는 전 재산을 자신이 사랑한 단 한사람 '불멸의 연인'에게 남긴다고 적었다. 사랑의 집념을 보여주는 장면이다. 수시로 욕을 해대고 악담을 퍼붓고 처절히 짓밟았으면서 마음속에선 그녀를 보내지 않았던 베토벤을 보면 연민이 생긴다. 지독한 사랑이다.

이 영화 '내가 잠들기 전에' 역시 사랑으로 인해 인생이 파괴된 남녀의 어둡고 참담한 속살을 보여주고 있다. 반전과 스릴을 동반한 시나리오에서 생각해 볼 요소가 묻어난다.

영화를 읽어본다.

아침에 눈을 뜨면 어제 일은 까맣게 기억나지 않는 크리스틴(니콜 키드먼 분)은 하루가 불안하다. 자신이 누구인지 옆에서 같이 잠을 잔 남자도 누구인지 모른다. 남편 벤(콜린 퍼스 분)은 매일 아침 그녀에게 자신을 소개하고 안정시킨 뒤 출근한다.

그녀는 자신의 잃어버린 기억을 찾기 위해 의사 내쉬박사(마크 스트롱 분)를 만나 상담을 받는다. 내쉬는 카메라를 주면서 매일 일기를 쓰듯 기억을 입력해 놓으면 도움이 될 것이라 말한다. 아침이 되면 또 잊어버릴 테니 자신이 카메라의 위치를 전화로 매일 알려준다. 크리스틴은 카메라에 자신의 마음과 현재의 상황, 미래의 불안 등을 독백으로 담으며 기억의 고리를 찾아간다.

작가인 로완 조페 감독은 영화 '마션' '에일리언' '프로메테우스' 등의 명감독 리들리 스콧과 손을 잡고 이 영화의 각본과 연출 작업을 했다. 그들의 이름만으로 영화는 유명세를 탈 수 있지만 작품의 수준은 매번 우수할 수만 없다는 게 감독들의 고민이다. 이 영화의 시나리오는 원작인 세계적 베스트셀러 작가 S. J. 왓슨의 『내가 잠들기 전에』의 동명작품이다.

영화는 반전과 반전을 거듭하지만 왠지 관객들 시선에는 미흡함이 곳곳에 묻어난다. 예상되는 반전과 스릴러를 포함한 연출이었다 해도 전반에서의 몰입도와 후반부에서의 실망감이 극적으로 대비되었다. 벤은 자상한 얼굴로 아내에게 최선을 다한다. 그런 애정과 충성심을 보이지만 의사 내쉬의 지시로 크리스틴은 남편을 경계하며 카메라를 숨기는 작전을 펼친다.

이럴 때, 대부분의 아내들은 침대에서 함께 뒹굴다 잠을 자고 커피를 마시고 간호해주는 지극정성인 남편을 의심하지 않는다. 아무리 의사가 남편을 속여야 한다고 해도 믿기 힘든 현실에 당황스럽다. 도리어 의사가 의심받을지 모른다. 하지만 크리스틴은 의사를 믿고 의지한다. 잘못된 연출이라고 생각하는 부분은 다른 장면에서도 드러난다.

내쉬의 행동이나 표정들은 그녀를 지나치게 보듬는다는 의문이 생긴다. 병원에서 적당히 그렇지 않다면 진지하게 하더라도 병원으로 불러 상담하면 된다. 진찰실이 아니라도 조용한 상담실은 정신과에 많다. 구태여 환자를 차에 싣고 돌아다니며 으슥한 곳에서 데이트하는 듯하는 불필요한 행위는 관객들을 너무 쉽게 보는 경향이 짙다. 내쉬에게로 관객의 시선을 끌어들일 계획인 로완 감독의 트릭은 내쉬의 얼굴로 들이대는 카메라 앵글에서 알 수 있다.

크리스틴은 내쉬의 가슴에 달린 마이크라는 이름표를 본 뒤 발작증세

를 일으킨다. 차에서 내려 미친 듯 도망 가지만 곧 내쉬에게 잡히고 만다. 딱, 여기까지만 본다면 범인은 불을 보듯 뻔하다. 물론 감독은 내쉬를 이용해 반전을 노릴 계획이지만 반전이 아니었을 때, 관객이 헛웃음을 칠 경우도 대비해야 한다.

내쉬의 표정에서 우린 두 가지를 연상시킨다. 하나는 승용차에서 상담 도중 크리스틴에게 자신의 어깨에 기댈 것을 종용하다시피 한다. 그런 예상은 감독이 벌써 관객에게 범인을 지목하게 만드는 일종의 트릭이다. 두 번째는 트렁크에서 주사기를 빼내 험악한 표정으로 크리스틴을 뒤쫓는 데 있다.

영화는 기억의 퍼즐을 맞추어 가는 플롯으로 구성되어 상당히 세밀한 관찰을 요구한다. 주인공인 크리스틴은 아침마다 잠에서 깨면 어제 일은 전혀 기억에 남아있지 않다.

옆에서 함께 잠을 잔 남자도 알지 못해 매일 남편이라고 자신을 소개해야 하는 남편의 답답함에서도 자신을 못 견디게 만든다. 기억상실증에 걸린 본인이나 주변인들마저 힘들게 한다.

그와 반대인 남편 벤은 순정파의 얼굴을 하고 있다. 아내를 위해 아침이면 변함없이 자신을 소개하고 커피를 타준다. 콜린 퍼스의 얼굴이 이중적일 것이라는 상상은 어렵다. 그것을 또 다른 반전으로 감독은 결정한다. 벤의 다정다감한 얼굴에서 폭력이 살인적인 상황으로 전환되게 만드는 건 스릴러와 반전에 대한 강한 의지다.

'불멸의 연인'에서 베토벤은 상당한 폭력을 휘두른다. 사랑하는 여인이 아니라 그녀의 남편인 자신의 동생에게 향한 행패가 살인적이다. 이렇듯 사랑에 미쳐 집착증이 생기고 폭력성이 가미되면서 사건은 시작

된다. 이 영화는 베토벤을 맡은 게리 올드먼의 열연으로 성공을 거둔다.

두 영화에서 폭력의 상대는 다르지만 사랑의 병이 사건을 만드는 건 닮았다. 영화란 시나리오만이 전부가 아니다. 감독의 연출도 배우들의 열연도 함께여야 대박을 터트릴 수 있다.

후반부에 들어서 크리스틴이 자신을 범인으로 확신할 때, 벤은 돌변한다. 10년 전의 묻어둔 진실이 파괴되는 순간이다. 관객들도 짐작했겠지만 순간적인 폭력에 화들짝할만한 영상이었다. 벤은 크리스틴에게 당신 없이는 살 수 없다고 매달린다.

"4년 동안 진짜 벤(아담 레비 분)은 단 한 번도 당신을 찾지 않았어. 나는 당신밖에 없어."

아무리 매달려도 범죄자가 된 사람에게 여자는 돌아가기 어렵다. 처절한 싸움 끝에 크리스틴은 내쉬 박사의 병원에 입원한다. 뒤늦게 찾아온 진짜 벤은 구구절절 아이 때문에 떠났다고 늘어놓았지만 도리어 진짜 범인처럼 여겨질 뿐이다. 객석에서 더 나쁜 사람이라는 평이 나왔다. 공감이 많았다.

감독이 조금 더 신경을 썼다면 극 후반부가 그렇게 물렁하지 않았을 거라 본다. 가짜 벤은 감옥을 가고 진짜 벤은 이 여인이 없어도 잘 먹고 잘 살아왔으면서 이득을 취하는 형국이다.

결국, 로완 조페 감독이 만든 화려한 파티에 진작 주인공은 빠진 것과 같은 연출에 안타까움이 더해진다. 영화가 흥행에 성공한 것도 아니었지만 그렇다고 실패한 것이라 말하고 싶진 않다. 일부분은 정말 반전과 스릴도 있었다.

영화 '내 이름은 칸'에서 주인공 칸의 어머니는 항상 아들에게 말한

다.

"칸, 세상의 사람들은 좋은 행동을 하는 사람과 나쁜 행동을 하는 사람으로 나뉠 뿐, 사람이 좋고 나쁜 것은 없어."

정말 맞는 말이다. 가짜 벤은 병적으로 크리스틴을 사랑한 죄다. 그녀도 짧지만 그를 사랑했다. 진짜 벤은 그녀를 잡지 못했다. 그녀가 기억상실증에 걸리자 요양원에 버리고 아들과 함께 떠났다. 그녀를 두들겨패는 것과 뭐가 다른가. 그도 정신적인 폭력범죄자와 다르지 않다.

촬영은 할리우드 감독들이 인정하는 덴 데이비스가 맡았다. 그는 핸드 헬드카메라를 사용해 심도 있는 영상을 연출해내는데 기여했다. 크리스틴을 맡은 니콜 키드먼은 자신의 배역에 철저히 빠져들었다. 매일 아침 눈을 뜨면 눈동자가 확장되면서 옆에 누운 남자를 본다. 혼란스런 표정이 온전히 크리스틴이다. 콜린 퍼스도 두 얼굴의 사나이를 완벽히 소화해 영화의 격을 애써 높여주었다.

빅게임 Big Game 핀란드 영국 독일, 2014
— 전설의 작은 영웅

아역들의 열연은 시나리오의 기초를 단단히 다지는 영화의 주춧돌과 같다. 이환경 감독의 영화 '7번방의 선물'에서 용구(류승룡 분)의 어린 딸 예승(갈소원 분)은 조연이지만 주연급이다. 감옥에 있는 아빠를 만나기 위해 빵 박스 속에 숨어들어가 교도소 생활을 시작하는 어린 딸 역은 관객들의 눈물을 쏙 빼놓는다.

지적장애인을 연기하는 류승룡이나 조폭 밀수범으로 감방에 들어온 오달수가 충무로 간판으로 떠오를 정도의 연기력을 보여준 건 사실이다. 하지만 갈소원이라는 아역배우가 없었다면 과연 '7번방의 선물'은 성공했을까 하는 의문이 든다.

영화 '빅게임'에서도 소년 헌터 오스카리 역의 온니 톰밀라가 아니었다면 영화는 수 없이 재방송되는 케이블 영상에서마저 상영되지 못했을지 모른다.

영화를 읽어본다.

핀란드의 고산지대에 사는 사람들은 사냥을 남자를 평가하는 척도로 생각한다. 누가 얼마나 크고 센 놈을 잡느냐에 따라 강한 남자로 인정받는다. 소년 오스카리(온니 톰밀라 분)는 어른들이 보는 앞에서 활쏘기 시범을 보이지만 힘이 부족하다. 아빠는 아이가 해낼 수 있으니 믿어달라고 사냥꾼 대장에게 사정한다. 소년은 용맹성을 보이기 위해 하루 하고 반나절이라는 주어진 시간을 받고 사슴을 잡으러 산속으로 들어간다. 그래야 헌터의 자격이 주어진다.

같은 시각 하늘에서는 미국대통령 전용기가 핀란드에서 열릴 정상회의를 위해 비행하던 중 테러리스트들의 미사일 습격을 받아 추락하는 사고가 발생한다. 대통령(사무엘 L 잭슨 분)은 탈출기 캡슐을 타고 오스카리가 있는 숲속으로 불시착하게 된다.

영화는 참으로 단순한 시나리오다. 그런데 시선은 멈추지 않고 영상을 따라간다. 마치 아리송한 음식처럼 맛이 없는 것 같은데 그렇다고 숟가락을 놓고 싶지는 않은 그런 이상한 맛이다.

'빅게임'은 1997년 제작된 볼프강 피터젠 감독의 '에어포스 원'과는 차이가 있다. 시나리오의 구성에서 '에어포스 원'의 작전은 미국대통령의 강력한 힘과 지략을 보여준다. 거기에 주인공은 해리슨 포드와 게리 올드만이라는 거물이다. 연기력에 있어서도 무르익은 두 사람의 열연

은 관객을 압도한다.

반면 알마리 헬렌더 감독의 '빅게임'은 '에어포스 원'과 시나리오는 비슷하지만 플롯은 다르다. 주인공인 미국 대통령엔 흑인배우 사무엘 L 잭슨이 맡았지만 역할이 상당히 제한적이고 밋밋하다. 다른 여러 영화에서 보여준 사무엘의 강렬한 모습은 찾을 수 없다.

그레고 조던 감독의 2010년 작품이지만 한국에선 2015년에 개봉한 '언싱커블'의 고문기술자 H처럼 지독하거나 조스 웨던 감독의 2012년 작 '어벤져스'의 닉 퓨리 국장처럼 백인 영웅들 속에서 자신의 존재감을 확실히 드러내던 것과 달리, 관객에게 각인시키지도 못한 어정쩡한 인물로 설정되었다. 이번 영화 '빅게임'에서 보여준 사무엘의 연기는 물에 물 탄 초급자의 모습이다. 강렬한 대통령의 포스는 시작부터 없었다. 비스킷 하나에 연연하고 만사 투덜거림으로 일관한다.

역대 영화에서 가장 무력한 미국 대통령으로 만들어 놓은 것 같다. 대부분의 관객들이 그렇게 느꼈다면 사무엘의 연기는 최상급이 되겠지만 감독은 명배우를 허무하게 무너트린 결과가 되겠다. 전용기가 테러리스트의 습격을 받고 추락하면서 대통령은 탈출을 감행하다 구두 한 짝을 놓친다.

우여곡절 끝에 산등성이에 찌그러져있는 구두를 오스카리가 발견하고 대통령에게 던져준다. 유머를 가미했다고 포장한 장면에서 구두 한 짝을 찾아 반가워하는 대통령의 모습에서 웃음기는커녕 바보스런 행동만 찾을 수 있을 뿐이다.

감독 알마리가 전하고자 하는 이 맛없는 메시지는 무엇인지 고민해 보았다. 어린 영웅의 탄생인가, 미국대통령의 경호실에 대한 철저한 경계주의보인가를 따져 보았더니 실망스런 답이 나왔다.

흑인 사무엘은 어벤져스에서 닉 퓨리 국장이 가진 존재감도 없었고 백인 아이의 영웅담에 따르는 조연일 뿐이었다. 미국 대통령을 구한 어린 영웅 오스카리의 온니 톰밀라는 핀란드 소년의 강한 이미지를 할리우드라는 매체를 통해 세계에 알리는데 한몫 거들었다.

결국, 감독의 메시지란 세계 평화를 위해선 핀란드의 어린 영웅들도

필요함을 시사한다. 그렇게 본다면 상당히 코믹하고, 감독 자신의 조국 핀란드 영웅설화 같은 의미로 부각될 소지가 있다. 하여튼 그의 주장대로 온니 톰밀라는 영화에서 제몫을 단단히 해낸다. 그렇기 때문에 음식 맛이 없는 것 같기도 하지만 이상하게 숟가락을 놓을 수 없는 이유다.

영상 속에서 특별히 관객의 시선을 잡을 만한 신은 핀란드의 웅장한 산맥뿐이었다. 자칫 영화를 보다가 졸음이 온다거나 한눈을 팔 소지가 있다. 그런데도 이 영화에서 눈을 떼지 못한 것은 조연이라고 정해 둔 소년 오스카리(온니 톰밀라 분)의 메소드연기 때문이다. 관객의 입장으로 보았을 때, 온니 톰밀라는 주연이었다.

핀란드의 산속을 겁도 없이 헤치고 다니는 강력한 헌터의 기질을 안고 태어난 오스카리는 이승과 저승사이 경계의 남자처럼 용감했다. 폭발직전의 에어포스 원에서 캡슐을 타고 탈출한 대통령과의 첫 만남에서 그는 하늘에서 떨어진 흑인 아저씨가 미국 대통령이 맞는지 신분증을 요구해 확인한다.

그 순간 오스카리는 미래에 숲속 헌터들의 우상이 되려는 강한 포스가 묻어나온다. 또한 대통령을 죽이려는 경호대장 모리스(레이 스티븐슨 분)와의 싸움에서 조금도 기가 죽지 않는 용맹스런 모습을 완벽하게 소화해 영화에 재미를 보탠다.

그와 반대로 건장한 테러리스트들에 맞서 대통령을 구하려는 아이의 용감무쌍한 행동과 달리 진작 어른들은 생각도 부족하고 싸움 실력도 어설프다. 테러리스트답지 않은 그저 그런 악당 수준에 불과한 연출에

영상 속의 총격전은 위험이나 긴장감이 훨씬 떨어진다.

오스카리는 어른들이 부질없는 총질을 해댈 때도 헌터다운 행동과 매서운 눈을 화면 가득 채운다. 겁에 질린 대통령을 자신의 전용차에 태우고 사실, 전용차라기 보단 트렉터에 동물을 잡으면 실어놓을 짐칸이 있는 사륜차일 뿐이지만 짐칸에 담요를 둘러쓰고 앉아 있는 초라한 대통령을 보면 소년의 능력은 상당해 보인다. 왠지 영화 'ET'가 떠오르는 순간이다.

코믹과 모험이란 표제어가 붙어있지만 별 다른 의미가 없다. 대통령이 구두 한 짝으로 코믹을 연출한건 제외하고 다만, 하늘에서 떨어진 이상한 기계 속에서 나온 사람이 무서워 숨어서 컵으로 통화를 하는 장면이 웃음을 잠깐 유도했을 뿐 소년 헌터의 모험이 전부였다.

그것은 오스카리라는 배역에 완전 빠져든 온니의 열연이 돋보였기 때문이다. 먼 산을 주시하는 표정과 대통령을 높은 사람이라고 생각은 하지만 현실에선 자신이 우월한 존재라는 것을 과시하는 연출은 온니 톰밀라의 장점이었다.

아역배우라면 귀엽고 깜찍하고 예쁜 미남이어야 배역 차지가 쉽다. 하지만 온니는 미남도 아니고 귀엽고 깜찍하진 않은 것 같다. 그런데도 영화 '빅게임'에서 그의 존재가 사무엘을 누르고 화면 전체를 잡고 있는 것은 연기력이 뛰어난 이유다. 어린 소년답지 않은 천상 배우라는 소리를 들을 수 있는 핀란드의 명배우가 될 것이라는 생각이 든다.

영화 '빅게임'은 성공하지 못했지만 온니 톰밀라의 출연으로 새로운 스타 탄생의 예고를 보았다. 그는 감독 알마리 헬렌더의 조카라고 하니 출연엔 좀 더 기회가 부여되겠다. 미래 영상에서 온니의 열연으로 관객들이 즐거워할 수 있는 수작秀作들이 기대된다.

위플래쉬 whiplash, 미국, 2014
— 광기와 소통불능의 경계

예술세계는 멀고도 험난하다. 남들이 돌아보지 않는 부분까지 파고들어 내 것으로 만들어야한다. 최고수가 되려면 그 일에 미쳐야 한다는 말도 있다. 그만큼 예술은 힘들다.

영화 '서편제'를 보면 소리꾼인 유봉(김명곤 분)이 양아들 동호와 양딸인 송화(오정혜 분)를 데리고 잔칫집을 찾아다니며 소리를 해주고 먹고 산다. 소리에 탁월한 재능이 있지만 목소리에 한이 부족함을 느낀 유봉은 딸을 득음시키기 위해 눈을 멀게 만든다. 피를 토하고 한을 심어야 진정한 고수가 된다는 예술, 참으로 경이롭다.

여기, 또 다른 고수와 제자의 음악적 광기로 가득한 작품이 있다.

영화를 읽어본다.

발걸음 소리가 길고 어두운 복도를 뚜벅뚜벅 걸어온다. 드럼 소리가 복도 끝에서 멈춘다. 고등학생인 앤드류(마일즈 텔러 분)가 드럼 연습을 하다말고 겁먹은 얼굴로 자신 앞에 서있는 남자를 쳐다본다. 지휘계의 전설로 알려진 플렛처(J. K. 시몬스 분) 교수였다. 플렛처는 자신이 이끌고 있는 밴드를 최고의 팀으로 만들기 위해 매번 신입생이 들어오면 실력자를 찾아다닌다. 드럼 실력을 확인한 플렛처는 앤드류를 밴드의 드러머 후보로 허락한다.

감독 다미엔 차젤레는 자신의 고교시절 있었던 밴드 일화를 영화로 만들고 싶었다. 시나리오를 구상하면서 고교시절 뮤지션처럼 드럼을 연주하고 싶었지만 뜻대로 되지 않아 힘들었던 자신을 떠올렸다. 그는 첫 장편 데뷔작으로 이 영화 '위플래쉬'를 선택했다.

위플래쉬의 원뜻은 '채찍질'이라고 하며 영화 속에서 앤드류가 완벽하게 소화해내야 하는 밴드들의 선곡이다. 아름다운 재즈에 채찍질이란 악보 자체가 난해하기 짝이 없다.

미국 남부에서 벌어진 인종차별의 영화 '노예 21'을 보면 흑인들을 잡아가 노예로 판다. 바이올린 연주자였던 주인공 솔로몬(치웨텔 에지오포 분)도 사기꾼들에 속아 노예로 팔려간다.

두 번째 주인인 앱스(마이클 패스밴드 분)는 채찍을 이리저리 휘두르며 노예들의 몸에 피를 흘리게 한다. 사랑하는 여인 팻시에게도, 좋아하는 음악을 들려주는 바이올린 연주자인 솔로몬에게도 수시로 채찍질을 해댄다. 사람이건 짐승이건 쉬지 않고 움직이게 만드는 매질이 좋은 용

도로 사용될 수 없는 건 확실하다.

그렇게 본다면 '위플래쉬'의 플렛처 교수는 악질적인 편에 훨씬 가깝다. 제자들을 모욕하는 건 예삿일이고 폭행도 서슴지 않는다. 악단들에게 그는 노예주인 앱스와 다름 아니다.

단원들을 비교하며 현장에서 번갈아 드럼을 치게 한 뒤, 단원끼리 반목을 유도하는 교활함도 보인다. 단원들의 실력은 그가 폭력과 폭언을 휘두를 때마다 차츰 좋아지고 있지만 개인의 정체성과 인간본성은 잃어간다. 학생들이 자살하는 수가 늘어나는 이유도 아름다운 음악을 하기 위한 노력이 정점을 찍기 위한 욕망의 행위였다는 사실에 스스로 절망하며 삶을 포기하게 되는 것이다. 즉, 노예생활에서 스스로 벗어나기 위함일 수도 있다.

이 영화의 오프닝 시퀀스에서 이미 관객들은 불편함을 느끼게 된다. 어둠 속에서 플렛처의 발자국 소리는 복도의 막다른 곳에서 멈췄기 때문이다. 무엇일까, 알지 못하는 이 불안감에서 관객들은 시선을 떼지 않는다.

감독은 플렛처를 지휘자가 아닌, 악단들과 전쟁을 하는 적장쯤으로 만들어 음악영화이지만 전쟁영화처럼 만들고 싶었다고 말했다. 드럼은 총탄소리에 비유되었고 밴드들은 적진에 뛰어든 군인과 같은 필사의 순간들을 연출해 악기들은 무기에 비유되었다. 플렛처는 '틀렸어'라든가, '다시'라는 말 대신 제자들에게 뺨을 때린다. 가장 아름다운 재즈의 세계에서 최악의 정신을 가진 지휘자는 결국엔, 밴드를 최고의 자리로 끌어올린다.

영화에선 폭력이 성공하는 결과를 보여주지만 사람과 동물이 채찍질만으로 움직이는 것은 아니다. 노예들은 반항을 하며 자유를 찾고 동물 역시, 도망가거나 사람을 다치게 한다. 플렛처의 제자는 채찍과 같은 폭언과 폭행을 견디지 못하고 몇 명이 자살을 했다. 앤드류가 플렛처의 다음 목표물이었다. 단원들 사이엔 이미 드러난 사실을 조사하던 변호사는 비밀을 약속할 테니 모든 비리를 알려달라고 한다. 어른들의 때 묻은 사회성을 몰랐던 앤드류는 자신이 당한 일들과 사건을 설명하고 플렛처를 떠난다.

감독도 순수하긴 마찬가지이지만 속내는 앤드류처럼 어리지만 않다. 그는 어른들에게 복수를 하고 싶었던 모양이다. 아직은 사회의 때가 묻지 않은 고교생의 아픔을 함께 느끼고 천재적인 재능을 가진 앤드류에게 최고의 연주자로 올라서게 만든다.

애인과 헤어지고 드럼도 놓아버린 앤드류는 우연히 길에서 플렛처를 만난다. 자신이 어떤 제자의 폭로로 억울하게 징계를 당했다며 '찰리 파커'와 같은 천재를 만들고 싶었다고 말한다. 그는 자신의 새로운 밴드에 들어와 줄 것을 제안한다. 드럼을 놓겠다고 했지만 최고의 드러머가 되는 꿈을 버리지 못한 앤드류는 밴드에 들어간다. 여기에서 해피하게 끝난다면 영화는 의미 없이 추락하고 말 것이다. 감독은 반전을 기획한다.

공연장으로 가다 교통사고를 당해 피를 흘리며 무대에 올라온 앤드류가 연주 직전에 받은 악보는 죽도록 연습해온 '위플래쉬'가 아니었다. 처음 본 악보에 급당황하는 모습을 본 플렛처가 앤드류 앞으로 다가와 잔인한 미소를 띠며 말한다. "너란 걸 알고 있었어." 몇 마디 던지고 지휘대로 간다. 바뀐 악보만 해도 어쩔 줄 모르는 상황에서 자신을 매장시키려는 스승의 속내를 알게 되자 끝내 참지 못하고 무대 밖으로 뛰쳐나간다. 객석은 술렁이고 밴드들은 안절부절 못한다. 스승과 제자사이의 심리전 연출은 차젤레 감독을 감히 따를 자가 없어 보인다.

광기서린 플렛처를 열연하는 J. K. 시몬스를 대신할 배우는 없을 것 같다. 얼굴 표정의 변화라든가 제자를 옭아매려는 내면의 악마적 연기를 보면 감독이 요구하는 그 이상을 소화해 낸다. 그에 맞서는 앤드류 역의 마일즈 텔러는 흡사 미국 전설의 가수 엘비스 프레슬리를 닮은 전형적 미국 원주민의 얼굴이다.

어쩐지 노래도 잘 할 것 같은 마일즈는 실제 이 영화를 위해서 피나는 드럼 연습을 했다고 한다. 대역을 쓰지 않고 연주를 직접 소화해 냈다고 하니 영화를 위한 그의 열정이 박수를 받을 만하다. 그가 드럼을 두드리는 장면을 보면 스승을 능가 하겠다는 집념과 전설의 연주자 찰리 파커와 같은 최고의 드러머가 바로 나야, 라고 외치는 것 같다. 차젤레 감독은 마일즈를 통해 자신의 고교시절 못 다한 드럼의 한을 풀었을까.

관객들은 멋진 연주를 해주길 기대하며 무대를 바라보고 있다. 감독이 스릴과 반전을 즐기는 순간이다. 자리로 돌아온 앤드류는 처음 본 악보를 보면서 연주를 시작한다. 지휘자의 신호 없이 연주가 시작되자 당황한 플렛처는 다가와 미쳤냐고 악을 쓴다. 따귀라도 갈기고 욕을 하며 물어뜯고 싶지만 관객들 앞에서 어쩌지 못한다. 앤드류는 내가 시작하고 내가 끝낸다고 대답한다. 숨을 죽이던 관객들이 환호하는 반전의 순간이다. 결말의 화려한 드럼 연주는 카라반이었고 지휘자 없이 드러머가 밴드 지휘를 마무리한다.

플렛처는 지킬과 하이드처럼 온몸으로 변신을 표출하다 결국엔 경이로운 표정을 감추지 않는다. 드럼 위엔 혈흔이 낭자하다. 앤드류가 '찰리 파커'가 되는 승리의 순간에 감독은 고교시절의 드러머를 꿈꾸던 자신을 내려놓을 수 있는 장면이다.

영화가 막을 내리고 고전 같은 영화 이란의 거장 압바스 키아로스타미 감독의 '내 친구의 집은 어디인가.'가 떠오른다. 주인공인 아마드의 할아버지가 친구들과 집 앞 평상에 앉아서 "'아이들은 돈을 주는 것은 잊어도 매질을 하는 것은 잊지 않아야 한다.'는 말의 의미가 흡사 잘못 키워진 플렛처의 교육방식으로 적용되지 않았는지 모르겠다.

음악영화는 수 없이 나왔고 앞으로도 만들어질 것이다. 문제는 음악영화나 예술영화가 모두 아프거나 슬프더라도, 과정은 황홀한 음악과

예술적 미학은 잊지 않는다는데 예술적 의미가 부여된다. '위플래쉬'는 분명히 음악영화라고 하지만 제대로 된 연주는 마지막 한 곡 밖에 없다. 처절한 싸움을 보면서 인내하고 기다려준 관객들에게 감독은 화해의 선물로 내민 엔딩 곡으로 유명한 카라반을 들려준다.

영화는 드러머들의 피나는 연습과 주인공 앤드류의 천재가 되기 위한 불타는 야망, 천재를 만들기 위한 플렛처 교수의 광기뿐이었지만 두 배우의 열연은 심장을 잡고 있다. 이 영화를 보면서 음악적 힐링은 금물이다.

제87회 아카데미 시상식에서 남우조연상과 편집상, 음향상을 수상했으며 플렛처를 연기한 J. K. 시몬스는 제 72회 골든 글러브 남우조연상을 추가했다.

그랜드 부다페스트호텔 The Grand BudaPest Hotel, 독일 영국, 2014
― 회상은 동시대의 역사를 부른다

시나리오 작가들은 새로운 시선을 요구하는 관객들의 마음을 사로잡아야 성공할 수 있다. 재미와 흥미가 따라야 하며 스릴과 사랑은 모든 영화에 조미료와 같다. 감독들은 흥행이란 맛을 내기 위해 고군분투한다. 하지만 관객들의 호응은 까다로운 입맛처럼 쉽지 않다.

영화를 읽어본다.

가상국가인 '주브로브카'의 관광도시에 전 세계인이 동경하는 호텔이 있다. 알프스 산맥을 끼고 산꼭대기에 동화 속에서나 나올 궁전 같은 모습으로 서있는 그랜드 부다페스트호텔이다.

세계최고 갑부인 마담 D(틸다 스윈튼 분)는 매년 이 호텔에서 머물다 간다. 올해도 변함없이 찾아온 마담은 나치즘과 파시스트가 설쳐대는 어수선한 상황에 왠지 이상한 마음이 든다.

연인이며 호텔의 총지배인 M. 구스타브(레이프 파인즈 분)와 아쉬운

작별을 나누고 돌아간 뒤 피살된다. 그녀의 아들은 구스타브에게 살인자라는 누명을 씌우고 구스타브는 로비보이 제로(토니 레볼로리 분)와 도망자 신세가 되면서 기상천외한 사건, 사고가 벌어진다.

감독 웨스 앤더슨의 상상력은 어디가 끝인지 알 수 없다. 영상 속에 비치는 작은 빈티지한 소품들마다 그의 손때가 묻어있는 것 같다. 호텔 내부의 화려한 공간배치는 입이 다물어지지 않는다. 카메라가 내려다본 로비는 붉은 장밋빛으로 물들어 강렬함을 강조하면서 관객의 시선을 압도한다. 색감에 있어서 빼놓을 수 없는 감독은 스페인의 거장 페드로 알모도바르가 있다. 알모도바르의 작품 중에서 '귀향'은 특히 강한 색감을 나타낸다. 강렬한 메시지로 관객에게 깊은 인상을 남긴 작품으

로 그것은 유럽의 상징과도 같다.

앤더슨 감독도 유러피언의 심장을 잡고 싶어 한다. 영화 제목에서 알 수 있듯이 부다페스트란 구 유럽을 상징하면서 헝가리제국에 대한 진한 아쉬움을 표출하고 있다. 그는 유러피언들이 좋아할만한 연출을 시도한다. 알프스의 꼭대기쯤으로 보이는 산맥줄기에 핑크빛의 동화나라로 들어가는 궁전을 지어놓고 네모진 엘리베이터가 그림처럼 올라간다. 그렇다면 엘리베이터 속은 어떨까. 마담 D와 구스타브가 앉아 있고 제로와 벨보이가 진한 퍼플의 제복을 입은 채 붉은 색과 대치하듯 서있다. 표정 없는 얼굴에서 그림은 액자 비율로 맞춰진다.

앤드슨 감독이 마치 마블인형 다루듯 배우들을 세트에 세워놓고 앵글만 돌려 각을 살린 모양이다. 그의 기발한 생각은 거기에서 멈추지 않는다. 영상은 현재를 시점으로 한 소녀가 '위대한 작가'의 동상 앞에서 책을 펼치며 시작된다. 카메라는 과거 속으로 빨려 들어가듯 1980년대로 옮긴다. 카메라를 바라보며 인터뷰하고 있는 중견의 작가는 자신이 1960년대에 이 호텔에서 만난 노신사에 대해 설명하기 시작한다.

영상은 다시 1927년대로 넘어가 세계최고의 찬사를 듣던 호텔에 대한 비화를 젊은 작가는 귀 기울여 듣는다. 그랜드 부다페스트호텔의 역사가 드러나는 순간이다. 감독의 이런 순환적 미장센은 액자 속의 또 다른 액자들을 나열시키고 스토리를 이어간다.

영화 전반에 걸쳐 신이 바뀔 때마다 카메오처럼 등장하는 젊은 작가 역의 주드 로와 같은 명배우들이 있다. 많은 스타를 적재적소에 배치시켰다는 것은 앤더슨 감독의 인맥이 어느 정도인지 짐작할만하다. 그들은 영화의 맛을 살린 공신들이다. 악당 조플링 역의 윌렘 대포도 감방 탈옥수의 하비 케이틀도 관객의 시선을 사로잡는다.

제로의 연인으로는 영화 '어톤먼트'의 악동이었던 세어셔 로넌이 빵집 아가씨로 참여해 빛을 발했다. 그녀의 연기는 독특한 눈빛과 깡마른 몸매에 어울리는 냉철한 판단이 묻어나온다. 빵집 아가씨로 분해 제로의 사랑을 받아들이는 순수한 역할도 신선하게 와 닿는 미래가 밝은 여배우로 이 영화의 질을 높여준다.

시나리오는 감독 자신이 읽은 책들 중에서 스테판 츠바이크의 작품들을 보면서 영감을 얻었다고 한다. 어떠한 작품들을 읽고 영감을 받거나 모티브로 삼는다고 해서 모든 감독이 상상의 나래가 무한정 쏟아지는 것은 아니다.

앤더슨 감독의 생각이 다른 감독들과 충분히 같을 수 있다. 하지만 비슷한 장면이나 이미지를 연출했을 때는 자칫 오마주를 했다거나 프리퀄이라는 말을 듣게 될 수 있기 때문에 감독들은 저마다 치열한 개성을 파고들어야 살아남을 수 있다. 그런 수다스런 이유들에서 벗어나기 위해 시나리오는 다양한 각색을 통해 영상으로 부활한다.

　이미 많은 전쟁영화들 속에서 관객들은 후유증을 겪었고 동시에 익숙해져 있다. 사랑이나 슬픔이나 지독한 아픔과 같은 생채기를 보지 않아도 그 아픔을 실감할 수 있는 것처럼 감독의 이 영화 그랜드 부다페스트는 영상속의 이미지 활용도가 상당히 높다.

　예를 들면, 무슈 구스타브가 제로와 함께 마담 D의 장례식에 참석하기 위해 기차를 타고가다 군인들에게 검문을 받게 된다. 구스타브는 무사통과했지만 제로는 이민자의 신분으로 여행할 수가 없다며 붙잡아가려 한다. 기차가 정차하고 창밖에는 총을 든 군인들이 서있다. 총격전이 벌어지거나 고성이 오가지는 않지만 순간 분위기는 매우 험악하다. 관객들이 전쟁의 공포를 느낄 수 있는 장면이다.

영상의 시작은 현재의 작가가 또 다른 작가의 이야기를 풀어놓고 카메라가 이야기 속으로 들어간다. 앵글의 중심에 잡힌 커다란 핑크빛의 호텔 로비엔 붉은 카펫이 실내를 덮고 있다. 마주한 액자 속의 작가를 따라가면서 카메라는 영화의 전반적 분위기를 관객에게 전한다.

이 영화처럼 이미지만으로 구성을 파악할 수 있는 작품으로 '제독의 연인'을 들 수 있다. 분명히 주인공들은 사랑에 빠져 있지만 영화 속에선 증거가 없다. 감독 안드레이 크라프추크는 러시아군인의 강직함을 연출하면서 제독의 연인인 안나가 바라보는 시선 속에서 사랑을 표현한다. 바로 이미지 연출로 관객에게 전달하려는 의도이다. 이런 부분들이 많은 영화에서 다양하고 차원 높은 작품들로 탄생된다.

웨스 앤더슨 감독의 '그랜드 부다페스트'는 상당히 어수선해 보이지만 냉전의 시대를 이겨내고 낭만적이면서 코믹한 과거를 회상하는 청년 제로의 인생사라고 볼 수 있다. 위기에서도 끝까지 자신을 보호해주며 "염병할 파시스트야"라고 거침없이 대항하던 구스타브와 첫사랑의 연인을 그리워하며 추억의 호텔에 살고 있는 한때, 로비보이와 동시대의 역사이기도하다. 정신없는 와중에도 시선을 떼기 힘들었던 것은 인간의 욕심과 탐욕, 사랑과 우정, 주인공들의 휴머니즘을 볼 수 있기 때문이다.

영화계에 많은 작품들이 쏟아져 나오면서 지나치게 같은 방향으로 흘러 관객들이 식상해 할 때, 웨스 앤더슨 감독의 새로운 연출시도는 처음 맛보는 달콤함이 묻어난다.

영화사 흥행이 미래의 영상시대에 큰 여파를 주진 않는다. 관객은 좀 더 다양한 연출을 기다리고 어떤 부분이든 수준 높은 예술적 감각이 살아있는 작품을 기대하고 있다.

킹스 스피치 The king's speech, 영국, 2010
— 감춰둔 욕망과 믿음, 의리

영화 '마이 페어 레이디'에는 히긴스라는 음성학자가 나온다. 그는 언어란 신이 인간에게 내린 특별한 선물이라고 생각했다. 대학교수인 히긴스는 사투리와 비속어를 남발하는 가난한 처녀 일라이자(오드리 헵번 분)에게 귀한 가문의 처녀처럼 완벽에 가까운 말투로 교정해준다. 덕분에 일라이자는 하층계급에서 상류사회에 진입한다.

정확한 스피치의 힘이 얼마나 대단한지 보여주는 영화다. 일반인도 말을 잘해야 고급스럽게 보이며 특히 왕족이라면 자신감 넘치는 연설이 정치에 유리하다. 여기 말의 힘을 보여주는 또 다른 영화 '킹스 스피치'가 있다.

영화를 읽어본다.

조지 5세는 어릴 때부터 말을 더듬는 둘째 아들이 못마땅하다. 책을 읽거나 연설문을 낭독시켜도 떠듬거린다. 화가 난 조지 왕은 고함을 지

148

르고 면박주기 일쑤였다. 아들 버티(콜린 퍼스 분)는 청중만 봐도 트라우마가 생겨 공포에 질린다. 보다 못한 버티의 아내(헬레나 본햄 카터 분)는 비밀리에 치료사를 찾아 남편의 언어치료를 부탁한다. 치료사 라이오넬 로그(제프리 러쉬 분)는 버티와 첫 만남에서 언쟁이 오고 가지만 우여곡절 끝에 버티를 영국의 존경받는 국왕으로 변모시킨다. 둘은 영원히 친구가 되었다.

감독 톰 후퍼는 전작 '댐드 유나이티드'에서도 실화를 소재로 다뤘다. 괴짜 축구감독이었던 '브라이언 클러프'의 일대기를 그린 영화인데 인간적인 내면을 사실적으로 표현하고 있다. 킹스 스피치에서도 언어의 화려함과 왕궁의 이면이나 혹은 사랑타령이 아닌 오롯이 인간적인 감성을 들춰내 관객의 호응을 유도한다. 즉, 사람의 마음을 중요시하는 감독이다.

왕권을 이어받을 형에게 주눅 들고 자신조차 부정해온, 인간의 속내에 감춰진 욕망을 표현할 수 없는 버티에게는 모든 상황이 마음의 상처로 남는다. 감독은 조심스럽게 왕실의 내면을 들여다보지만 한 왕자의 드러난 비화에 접근한다. 실존한 왕실의 비화들을 건드리기란 매우 힘든 작업이다. 식민지 출신의 평민과 왕족간의 신분이란 간극을 넘어선 남자들의 우정이 영국을 들썩이게 만든 원작은 베스트셀러가 되었다.

라이오넬 로그의 일기장이라든가 조지 6세와 로그가 나눈 편지 등을 토대로 로그의 손자인 마크 로그가 정리한 책을 톰 후퍼는 영상으로 옮겼다. 실화라는 기본 틀에서 격하거나 어설프지 않을 만큼의 신뢰와 우정, 왕의 치료에 대해서 집중 조명한 것은 매우 사실적이며 안전한 선택이라 할 수 있다.

영화의 흥행과 상관없이 배우들은 최상의 캐스팅이었음을 보여준다. 우선 라이오넬 로그를 맡은 제프리 러쉬가 로그를 대변하는데 손색이 없다. 그의 차분하면서 진정성 넘치는 보이스는 상대방에게 안정감을 주는 효과를 발생한다.

영화 '베스트 오퍼'에서 예술품을 경매해주는 최고의 경매사로 열연한 제프리는 섬세함과 자신감 넘치는 말투를 갖고 있다. 고품격 예술품

을 상류사회에 팔기 위해선 믿음이 우선이다. 전작인 킹스 스피치에서 언어치료사로 캐스팅된 이유도 후작인 '베스트 오퍼'의 경매사와 상통된 배역이라 볼 수 있다.

예를 들면, 경매사인 올드먼 역은 많은 예술 수집가들을 앉혀놓고 작품마다 자신의 예술에 대한 해박한 지식과 부드러운 언어와 정확한 발음으로 그들을 녹아들게 해야 하는 일이다. 킹스 스피치에서는 내면에 잠재된 욕망을 일깨우고 스트레스에 시달려 말을 더듬는 왕의 언어를 교정시켜주는 임무를 맡았다. 말을 더듬어서 연설을 제대로 하지 못한다면 국민에게 받는 신뢰감이 무너지기 때문이다.

경매사가 말을 더듬어서야 고품격의 작품이 얼마나 믿음을 얻고 팔려

나가겠는가. 모름지기 왕이란 국민들을 안심시켜주는 언변이 있어야하는 이유다. 두 영화에서 보았듯이 제프리 러쉬의 언어치료사란 역할은 그만이 잘 소화할 수 있는 배역이었다.

이민자라는 단점과 평민이라는 나약함을 연출해야하는 상황에서 제프리의 연기는 살아 있다. 대주교와 관리들이 끈질기게 물고 늘어지는 학력, 경력과 이력에 태클이 걸리지만 자신 있게 실전의 경험을 설명하는 연기도 일품이다. 당황한 듯 했지만 곧 자신의 당당함을 표현할 줄 알고 생뚱한 듯 보이는 스피치 강습은 관객들마저 빠져들게 된다.

말을 더듬거리는 조지 5세의 둘째왕자 버티는 왕권 서열 2위다. 형인 에드워드 8세(가이 피어스 분)가 사망하거나 신변상 극단적인 문제가 일어나지 않는 한 그 자격은 변함이 없다. 자신의 처지가 어떻든 사람들에겐 꿈이 있다. 더불어 기적을 꿈꾸기도 하고 요행도 바라본다. 격하게 부정을 해보지만 욕망을 가둬두기란 쉽지 않다. 마음을 열고 누군가에게 표현하고 싶지만 자신조차 부정하는 속내는 드러낼 수 없다.

그런 숨겨진 마음이 응어리가 되어 이상현상이 발생하기도 한다. 이 때, 라이오넬 로그와 같은 마음을 읽는 치료사가 있다는 것은 인간만이 가진 행운이다. 버티가 로그와 같은 사람을 만나지 못했다면 격랑의 시기에 대영제국이란 나라에서 존경받는 왕으로 온전히 자리를 지킬 수 있었을지 누구도 장담할 수 없다.

콜린 퍼스 역시 버티와 일치한다. 버티 속에 자신을 밀어 넣고 그의 마음을 읽는다. 연설문을 낭독해야 하는 매 순간마다 떨리는 입술은 제어되지 않는다. 감춰둔 욕망과 바라보는 시선에서 느끼는 치욕스런 상황에서 배우 콜린은 없다. 버티만이 있을 뿐이다. 그는 온전히 버티가 되어 조지 6세를 대변하는데 성공한다.

킹스 스피치는 말 그대로 왕의 연설이란 의미다. 국민들은 왕의 말을 듣고 불안감을 잠재우고 평화를 유지할 수 있게 된다. 하지만 왕이 말을 더듬거리면 신뢰감이 떨어지고 사회적 불안이 조성될 수 있기에 버티는 자신이 왕의 자격에 미달이라는 생각마저 든다.

조지 5세가 숨을 거두자 왕비인 어머니는 첫째인 에드워드에게 고개 숙여 왕의 예우를 표한다. 왕위에 오른 에드워드는 동생과 달리 언변이 좋고 사교성도 뛰어나 차기 왕으로 부족함이 없다. 하지만 그는 영국 왕실 역사상 가장 유명한 일화의 주인공이 된다.

미국인 유부녀 심프슨 부인과 사랑에 빠져 국정을 소홀히 한다. 곁에서 형의 자리를 맴돌던 버티는 그런 형이 못마땅하다. 정말 나라만 걱정해서인지 자신감이 넘치는 형이 마음에 들지 않은 건지 영상만으로 관객들이 그 마음을 읽기란 시간이 필요하다. 에드워드 역의 가이 피어스는 사랑의 포로가 되어 국정 따위 신경 쓸 겨를이 없는 철부지 왕처럼 배역에 걸맞았다.

이 작품으로 각종 상을 휩쓴 것도 감독 톰 후퍼의 배우선택이 잘 맞아 떨어진 덕분이다.

영화 '킹스 스피치'는 제 16회 크리스틱 초이스 시상식에서 각본상과 남우주연상을 수상하였고 제83회 아카데미 시상식에서 작품상, 각본상, 남우주연상, 감독상 등을 수상하는 영광을 안았다. 콜린 퍼스는 유러피안 남우주연상과 런던 비평가협회 시상식에서 남우주연상을 추가한다. 제프리 러쉬 또한 제26회 산타바바라 국제영화제에서 몬테시토상을 수상했다.

역사적으로 지금까지 회자되고 있는 세기의 로맨티스트 에드워드 8세는 심프슨 부인과 결혼하기 위해 조국과 국왕의 자리를 물러난다. 뒤를 이은 조지 6세가 바로 버티였고 말더듬증이 있었다. 가장 힘든 시기에 호주출신 언어치료사로부터 스피치 교정을 받았다. 현재 영국 여왕인 엘리자베스 2세의 부친이며 전 국왕이다.

화이트 갓 feher lsten, white God, 헝가리 독일 스웨덴, 2014
— 동물에게도 뇌가 있음을…

인간세상에서는 정과 의리라는 연결고리가 관계의 기준이다. 가끔 바이러스 같은 배신도 따른다. 사회에서 벌어지는 동물들과의 관계는 다양한 영화에서 과대포장을 해가며 상상과 SF 스릴러를 통해 보여지고 있다.

영화 '혹성탈출: 진화의 시작'에서 유인원 시저는 시간이 지날수록 사람의 뇌처럼 계산과 생각을 하게 된다. 보호소 사람들로부터 뭇매를 맞으며 고동 받던 시저와 실험용으로 사용되던 유인원들은 살기 위해 역습을 감행하는 것이다.

영화 '화이트 갓'은 이혼한 부모 사이에서 상처받은 소녀가 애견 '하겐'을 잃어버리면서 벌어지는 개들의 역습을 다룬다. '혹성탈출'의 시저와 상황은 다르지만 하겐도 인간에게 받은 상처는 다르지 않다. 그들의 반항은 고통을 주던 사람을 향해 역습으로 나타난다.

영화를 읽어본다.

이혼한 엄마와 지내던 릴리(조피아 프소타 분)는 애견 하겐과 함께 혼자 사는 아버지 집으로 보내진다. 하겐은 비좁은 아파트에서도 사람 소리만 나면 본능적으로 짖어댄다. 이웃이 찾아와 개 짖는 소리가 시끄럽다고 항의한다. 아버지는 하겐에게 잡종 주제에 사람을 귀찮게 한다며 화를 낸다. 하교하던 릴리는 차를 타고 집으로 가다 하겐 문제로 아버지와 다투게 된다. 아버지는 뒷자리에 앉은 하겐을 도로 위에 끌어내려 버리고 떠난다. 하겐은 차를 향해 달리고 릴리는 발버둥치지만 아버지는 하겐을 받아들이지 않는다.

감독 코르넬 문드럭초는 사회의 불평등에 대한 항의의 의미로 사람과 가장 가까운 동물인 개를 통해 메시지를 전달하고자 한다. 예를 들면, 영상 속에 나오는 개들의 크기와 종류, 색깔이 모두 제각각인 점이다. 사람들도 국가나 인종에 따라 색깔과 성격과 생김이 다르다. 서로의 다름에서 편견이 생겨나고 불협화음이 생기게 되며 멸시하고 증오하고 부닥치게 된다. 남는 것은 서로에게 피해자가 될 뿐이며 종래엔 화합만이 살길이란 것을 애써 보여주려 한다.

릴리는 애견 하겐을 가족이라 생각하며 의지하는데 아버지는 잡종이라며 무시하는 장면에서 감독은 잡종이란 단어에 귀를 세우게 만든다. 자칫, 세계가 고민하는 인종문제로까지 비화할 수 있다. 영상에 대한 지나친 판단일 수도 있지만 시나리오 정황상 사회성을 무시할 수 없기 때문이다.

달리는 차들 속에 골칫덩이 잡종을 버려두는 것은 대수롭지 않다고 생각하는 아버지의 태도는 현실에서 흔히 일어나고 있는 유기견이 사회적 문제로 대두되고 있음으로 드러난다.

하겐은 보호소로 잡혀가지 않기 위해 도망치다 노숙자의 손에 구조된다. 사람에게 감사함을 채 느끼기도 전에 더 무서운 투견 조련사에게 팔려간다. 조련사는 죽도록 때리고 흥분제를 먹이고 생이빨을 갈아 투견의 길을 걷게 만든다.

인간의 잔인한 모습을 보며 하겐이 역습의 순간을 꾀하지 않을 수 없음도 감독이 시사하는 부분이다. 릴리에게 사랑만 받아오던 하겐은 잡종이라는 이유로 버려지고 지옥에서 허우적거리며 변해간다. 하겐의 시선에 각인되는 적은 사람들이었다. 하겐이 동료들과 뭉친 역습의 이유이며 그에 따른 결과물이다.

코르넬 감독이 말하고자 하는 불평등의 의미에 해당하는 장면에서 드러난다. 관객들도 자세히 몰랐던 투견의 조련과정은 차마 생명체에게 할 짓이 못 된다는 것도 표출하고 있다. 실제, 헝가리는 잡종견에 대해 세금을 부과하고 좋지 않은 시선이 따른다고 하니 감독의 불만이 하겐의 시선을 통해 전해진다. 때문에 개들이 분노하는 장면을 연출하면서 현사회성을 대비시킨다. 감독의 비판적 메시지가 어떻다 해도 다큐가 아니며 영화일 뿐이다.

영화 자체만으로 보면 상당히 작위적이다. 하겐은 투견시합에서 동료를 물어 죽이고 정신을 차린다. 해를 가한 모든 사람들에게 복수의 칼을 갈고 치밀함마저 보이는 개는 없다. 그렇지만 역습이란 가공할 만한 공포에 인간으로서 생각해볼 게 많은 시나리오였다.

릴리가 속한 밴드의 지휘자는 단원들에게 '헝가리 광시곡'을 연주시킨다. 개들이 역습을 시작하고 달리자 음악은 그들을 따라 흐른다. 헝가리를 상징하는 연주곡이 영화를 한층 업그레이드 시킨다. CG를 사용하지 않았지만 사용한 것 같은 영상은 수많은 개들의 기막힌 연기 덕분이

다. 250여 마리의 유기견들이 몇 개월 동안 훈련을 통해 이뤄낸 완벽한 연출이었다.

하겐 역을 맡은 개는 제69회 칸 영화제 '팜 도그 대상'을 수상한 바디와 루키 형제였다. 관객의 입장에선 한 마리의 하겐이 상황에 따라 변해가는 두 얼굴을 보며 극의 몰입도를 높일 수 있다.

바디는 온순한 하겐이었고 루키는 투견으로 출연했다. 영화가 끝나고 연기 견들은 모두 좋은 곳으로 입양되었다고 한다. 영화는 공포의 그림자로 기억하고 싶지 않을 만큼 환상적이지만 현실의 결과는 훈훈하게 마무리되어 다행스럽다.

현실에서도 사람과 개가 한 가족을 이뤘더라도 주인의 환경에 따라 개의 운명은 극과 극으로 달라질 수 있다. 매일 쓰다듬어주고 맛있는 음식을 주어도 한 번에 버림받을 수 있는 것이 개의 운명이다. 개들의 마음을 읽을 수 있다면 차마 다 듣지 못할 게 틀림없다.

차들이 쌩쌩 달리던 도로가 어둑해지자 승용차 한 대가 달려오더니 멈췄다. 여자가 차에서 작은 강아지를 내려놓고 그냥 가버린다. 강아지는 차가 멀어질 때까지 소리치며 따라 달렸다. 불빛이 작은 강아지를 비추기엔 조도가 부족하다. 개는 도로 한가운데 주저앉아 주인의 차가 돌아오길 애타게 기다린다. 강아지의 등 뒤로 저만치 낯선 승용차의 불빛이 보이기 시작했다. 그 강아지를 다시 볼 수 있는 확률은 없을 것 같다.

어느 섬에 버려진 개는 오지 않는 주인을 그 자리에서 3개월째 기다리고 있다는 신고가 들어왔다. 방송에서 영상으로 보여준 실화들이 많은 생각을 하게 한다. 동물들 중에서 가장 사람과 친밀한 개는 충성심이 강하다. 죽는 순간까지 주인을 바라보고 주인을 위해 목숨도 내놓는다.

요즘은 훈련된 애완견이 요양원이나 소아 환우들의 웃음치료에 큰 힘이 되고 있다. 미국에서는 참전 군인들의 트라우마 치료에도 상당한 효과가 있다는 뉴스가 있었다. 반려동물 시대에 애견의 수가 가장 많이 차지하는 것은 개가 사람에게 미치는 행복지수가 매우 높기 때문이다.

위기상황에서 사람을 구조할 수 있는 동물도 개가 대부분이다. 사람과 개의 관계가 특별히 끈끈한 것은 개가 사람의 기분을 알아차리는 공감능력을 갖고 있는 걸 보면 알 수 있다. 주인의 기분에 따라 우울하거나 행복해하는 걸 보면 그렇다.

이 영화의 오프닝 시퀀스는 가히 압도적이며 공포스럽다. 대도시의 거리에 크고 작은 개들이 성난 표정으로 몰려드는 연출은 코르넬 감독에게 경의를 표할 정도다. 동물들도 생각이 있다는 것을 보여주는 감독의 기획은 사회구성원 모두가 함께 고민해야할 다양한 문제라고 볼 수 있다.

잉카제국의 마지막 수도였던 페루 남부의 쿠스코에는 지금도 개들이 떼를 지어 거리를 돌아다니고 있다. 목줄을 한 개도 없다. 각양각색의 종류와 크기도 다양해 거리를 지나다니는 사람들이 겁먹을 수 있지만 개들은 사람이 지나는 곳에서는 조용히 줄지어 다닌다.

사람을 해치거나 덤비는 일도 없다. 종일 떼를 지어 몰려다니며 놀다가 시간이 되면 모두 집으로 알아서 돌아간다. 영화 '화이트 갓'의 출연 개들처럼 흡사하게 행동한다.

영화를 보면 선은 무엇이고 악은 무엇인가의 화두마저 생긴다. 사람과 사람간의 행위가 아니어도 인과응보라는 말이 부합하다는 생각이 든다. 반려동물 시대에 '팻 로스 증후군'이라는 말이 유행한다. 작곡가 돈 스파이크도 애견의 죽음으로 앓은 적이 있다고 들었다. 그런 아픔까진 아니더라도 가족이라 불리다 버려진다는 것은 개들에겐 치명적인 결과를 초래한다.

영화의 시나리오가 감독 마음대로 변환시킬 수 있듯이 다음엔 어떤 역습으로 나타날지 궁금해진다.

chapter 03

남과 여 한국, 2015
— 금지된 사랑의 상처는 깊다

금지된 사랑은 예전부터 많은 영화에서 다루어왔다. 시대가 변하면서 SF나 판타지 영상에 관객들은 열광하기 시작했다. 하지만 사랑에 대한 인류의 원초적 열정은 어떤 상황에서도 빠질 수는 없다.

노르웨이 배우였던 리브 울만이 각색하고 연출한 작품 '미스 줄리'는 연극 같은 연출을 보이는 영화이다. 주인공 줄리(제시카 차스테인 분)는 귀족의 딸로서 하인인 존(콜린 파렐 분)과 하룻밤을 보낸다. 절대 일어나서는 안 되는 사건 같은 사랑이다. 리브 감독은 이들의 사랑을 파국으로 몰아간다.

할리우드 최고의 배우였던 클린트 이스트우드가 만든 영화 '매디슨 카운티의 다리'에서도 금지된 사랑이 주제이다. 평범한 가정주부였던 프란체스카(메릴 스트립 분)는 남편과 아이들이 박람회 참가를 하기 위해 집을 비우자 마음이 공허해진다. 모든 영화에서처럼 사랑은 운명처

럼 다가온다. 왜 사람은 혼자일 때 그토록 사랑에 목이 마르고 고독한지 신기하기도하다.

전업 사진작가인 로버트(클린트 이스트우드 분)는 〈내셔널 지오그래픽〉에 실을 사진을 찍기 위해 매디슨 카운티에 온다. 마을을 구경하던 로버트는 약간의 쓸쓸함을 달래던 프란체스카에게 이방인으로 다가와 도시인의 예절과 멋짐을 드러낸다.

남편과 아이들은 며칠간 집을 비울게 확실하고 시간 많은 프란체스카는 이방인과 속된 말로 눈이 맞는다. 나이가 많든 적든 남자여자가 단둘이서 서로의 마음을 읽었다면 결과는 어떨까. 시나리오가 공통으로 떠오른다. 이처럼 닮은 영화들은 꽤 많다.

이윤기 감독의 영화 '남과 여'도 상황이야 어떻게 돌아가든 '미스 줄리'나 '매디슨 카운티의 다리'처럼 사랑해서는 안 되는 관계에서 사건은 기필코 터지고 만다. 금지된 사랑도 큰 사건이다. 처음 만난 사이지만 눈빛교환이 이뤄지고 가까이서 숨소리를 들었다고 진정한 사랑을 만난 것 같은 착각에 빠진 걸 모른다. 순간의 선택이 서로에게 얼마나 깊은 생채기를 남기는 결과를 초래하는지 이 감독은 보여준다. 흡사 금지된 사랑에 대한 경고문과 같다.

영화를 읽어본다.

장애를 가진 상민(전도연 분)의 아들이 학교에서 캠프를 가는 날이다. 단 한 번도 자신과 떨어진 적이 없는 부족한 아들이 걱정된 엄마는 선생님에게 같이 가겠다고 떼를 쓴다. 언어와 문화가 다른 선생님은 상민을 이해하지 못한다. 그렇게 걱정되면 아이를 데려가라는 말에 서운함을 안고 상밍는 포기한다.

버스가 떠나고 울적한 마음에 담배를 물었지만 불이 없다. 때마침 옆에 있던 한국남자 기홍(공유 분)에게 불을 빌린다. 둘의 짧은 대화가 이어지고 아이들과 설경을 핑계 삼아 숲으로 좀 더 걸어간다. 불안해 보이는 남과 여의 동행이다.

이 영화는 핀란드를 로케이션 장소로 선택하면서 새로운 볼거리를 선사하고 있다. 감독 이윤기는 제작노트에서 핀란드를 선택한 이유에 대해 한국과의 먼 거리를 찾았고 핀란드쯤이면 좋겠다는 생각을 했다고 밝혔다. 동양적인 분위기에서 벗어나 눈꽃으로 뒤덮인 전나무, 자작나무 우거진 숲속의 비경은 최고의 영상을 선사해 주기 때문에 관객들에게도 식상하지 않다. 할리우드식의 영상보단 새로운 신비함을 갈구하는 게 이 감독의 입장이기도 하다.

영화에서 핀란드의 낯설음에 관객들은 기대치가 높아졌지만 사실, 설경의 아름다운 영상을 제외하면 그다지 뛰어난 영상미라고 설명하긴 부족하다. 물론, 짧은 시간에 많은 영상을 보여줄 순 없다. 하지만 예를 들어 영화 '그레이트 뷰티' 같은 작품은 상당히 많은 볼거리를 제공하고 있는 것처럼 한국의 평균 영화 제작비를 감안하면 먼 나라 핀란드에서 눈 덮인 숲속의 비경도 대단하지만 좀 더 그 나라의 특징적인 영상도 제공되었으면 하는 아쉬움이 따랐다.

어쨌거나, 영화는 관객들에게 별다른 시선을 끌어내진 못했다. 칸의 여왕이라는 전도연의 베드신이나 요즘 대세인 공유의 러브스토리를 보기 위한 관객들이 많았다고 하는데 사실인 것 같다. 그뿐이다.

엔딩 크레딧이 올라가고 아름다운 사랑이었다 하기도 하고 불륜일 뿐이라는 평가가 나누어진다. 먼저 아름다운 사랑이라는 것은 끝내 둘이 합쳐지지 않았다는, 불타는 사랑을 했지만 가정을 위해 아픔을 간직한 채 정신 차리고 자신들의 일상으로 돌아갔다는 것이다.

불륜이란 평가에 대해서는 서로의 가정에 불협화음이 심각할 수준은

아니라는 점이다. 상민의 남편은 무심해 보이지만 가정에 충실하다. 자폐증을 가진 아들에 대해 과민반응을 보이는 아내를 조금 자제시키는 정도인데 다른 남자에게 빠진다는 설정은 과하기 때문이다.

기홍은 어떤가. 자신의 꿈과 달리 현실에 불만이었던 아내는 심한 우울증을 앓고 게다가 상민의 아들처럼 자폐증이 있는 딸이 있다. 하지만 장모까지 동원해 아내의 병증을 고치려 애쓰고 나중엔 증상이 많이 호전된다. 이런 고통은 사연이 다를 뿐이지 어느 가정에서도 문제점은 있기 마련이다. 때문에 타국에서 만난 동족 간의 교류는 극대화될 수는 있어도 영화에서처럼 그렇게 급격하게 육체적으로 다가가기엔 무리가 따른다.

영화 '매디슨 카운티의 다리'는 비슷한 처지의 사랑이야기지만 관객들의 반응은 엇갈린다. 명작이라고까지 한다. 할리우드 영화라는 이름 자체에서 이미 한 포인트를 따고 있다. 또한, 명배우 클린트 이스트우드와 메릴 스트립의 농익은 연기는 각본 이상을 연출해낸다. 시나리오도 '남과 여'의 불륜 과정과 동일시되지만 좀 더 들여다보면 '매디슨 카운티의 다리'와는 의미가 다르다.

프란체스카의 사랑에는 이방인 남자를 만나면서 자신의 젊은 시절을 회상하게 되고 젊고 싶은 여인의 욕망을 읽어주는데 관객들은 동의한다. 여성들이 반복되는 일상에서 지쳐갈 즈음 새로운 자신만의 희망을 찾고 싶은 갈망에 대해 공감대가 형성되기 때문이다.

반면에 동양적인 작품에서는 그 보다 못할 것이라는 인식이 자리 잡고 있다. 그리고 때론 부족한 시나리오에 불만이 쌓이는 것도 맞아 떨어진다. 기홍과 상민은 중산층이며 아이들을 멀고 먼 나라 세계 최고수준의 복지국가라는 핀란드까지 유학을 보냈다. 상민은 시골에서 삶에 찌든 외로운 이민자였던 프란체스카와 달리 자신의 일을 확실히 인정받고 사는 인텔리이다. 두 여인의 입장은 매우 다른 방향으로 변용되는 것이 이런 까닭이다. 누가 관객들에게 공감대를 확실하게 이끌어 낼 수 있는지에 따라서 사랑이었는지 불륜의 바람이었는지 가늠하게 된다.

감독 이윤기는 기홍과 상민의 사랑을 일탈로 마무리한다. 그래야만 감독으로서 사회적인 책임도 벗어날 게 아닌가. 살다보면 우리 모두 일탈을 꿈꾸고 있다. 다만, 행하지 않을 뿐이다. 영화는 흥행작도 아니었지만 실패도 아니었다. 정신을 놓을 만큼의 아름다운 설정에 지구상에 단 둘만 살아있는 것처럼 보이는 산장의 고독함, 미묘한 간극의 사이에서 젊은 남과 여는 무엇을 할 수 있을지 상상해보자. 감독이 말하는 핀란드를 선택한 이유인지도 모른다.

그 남자가 보고 싶어 설국까지 찾아왔지만 가족의 단란한 모습에 돌아서는 상민과 우연히 보게 된 상민의 뒷모습을 보고 좇아가지 못하는 기홍의 절망감은 짧지만 프란체스카와 로버트의 이별을 오마쥬한 것처럼 보인다. 운전하는 남편의 옆자리에서 저만치 서 있는 멋진 로버트를 따라 갈 것인가를 갈등하던 프란체스카는 결국 눈물을 머금고 차문을 열고 내리지 못한다.

　기홍이 가족을 태우고 운전해 가면서 상민의 뒷모습을 그리며 눈물을 흘리던 것과 같이 시나리오는 닮아있다. 세상의 사랑과 불륜은 다 닮아서인지 모르겠다.

론 서바이버 lone Survivor, 미국, 2013
— 네이버실 대원들의 기억소환

미국의 전쟁영화들은 픽션과 논픽션이란 차이점에도 불구하고 공통점이 있다. 그것은 그들만의 조국과 인류에 대한 독특한 의무감처럼 보인다. 예를 들면, 스티븐 스필버그 감독의 영화 '라이언 일병 구하기'에서는 일병 한 사람을 구출하기 위해 여덟 명의 특공대원을 전장으로 보낸다. 미행정부에서 아들 셋을 전장에서 잃고 막내마저 잃을 위기에 처한 어머니를 위해서 내린 작전명령이었다.

과연 어떤 선택이 옳은 것인가. 한 명을 잃을 것인가, 여덟 명을 죽일 것인가. 눈만 뜨면 다수의 과제가 선택을 기다리는 현실에서 전장은 어떨까. 영화 '론 서바이버'는 국제적 테러리스트인 탈레반과의 전투에서 한 번의 선택이 19명의 대원들 목숨을 앗아간 결과를 보여준다.

선택은 미군의 윤리적 의무였고 수칙이었다. 늙은 양치기와 소년은 평범하게 산을 내려갔다. 청년은 탈레반에게로 달렸다. 짧은 순간 선택

은 어떻게 해야 옳았을까. 누구도 답을 내리진 못한다. 차라리 바그람 기지에서 신무기 개발에 대해 설명하고 돌아가다 게릴라들에게 납치되었던 '아이언 맨'의 토니 스타크(로버트 다우니 주니어 분)가 개발한 철갑슈트만 있었다면 하는 아쉬움마저 든다.

영화를 읽어본다.

아프가니스탄에서 파견 복무중인 미 대원들은 육상, 해상을 포함해 완벽한 특수 팀에 뽑히기 위해 지독한 훈련을 받는다. 수많은 지원자들이 중도 탈락하며 포기자가 속출한다.

마커스(마크 월버그 분)와 마이클(테일러 키취 분), 매튜(벤 포스터 분), 대니(에밀 허쉬 분)는 네이비실 대원으로 뽑힌다. 대원들은 미군을 사살한 탈레반 부사령관 '샤'를 체포 또는 암살하기 위해 '레드 윙 작전'에 투입된다. 산악지대로 투하된 대원들은 적의 진지가 잘 보이는 곳에 자리를 잡는다. 이들은 한숨을 채 돌리기 전에 염소치기들과 마주친다. 노인과 청년, 소년이었다. 특공대원들은 기로에 선다. 이들을 죽일 것인가, 살릴 것인가.

이 영화는 2005년 일명 '레드윙 작전'에 투입되었다가 적군인 탈레반에게 발각돼 사투를 벌인 네이비실 대원들의 실화를 바탕으로 한 작품이다. 감독 피터 버그는 이 작품에서 다양함을 구사하지 않는다. 오롯이 진짜 사나이들의 우정과 인간본연의 모습을 묘사하려 노력한 흔적이 보인다. 약간의 트집을 잡자면 어느 누구도 중요하지 않은 사람이 없다는 미국인들의 의지를 보여주는 이미지가 강하게 느껴진다.

그렇지만 당시의 '레드윙 작전'이 실제 상황이었음을 감안하면 부인하기 어렵다. 대원 중의 한 사람이었던 마커스는 혼자 살아남았다. 그는 당시, 네이비실 대원들이었던 전우들의 죽음과 사흘간의 전투를 절절하게 묘사해 기록했다. 감독은 동명 소설 『론 서바이버』를 영상으로 옮겼다.

영화의 시작은 평화로움 속에 불안이 깃들어있다. 아프가니스탄에 주둔 중이던 미군 네이비실 대원들은 신참인 패튼(알렉산더 루드윅 분)의 신고식을 뒤로 하고 헬리콥터에 오른다. 부대장 에릭 크리스텐슨(에릭

바나 분) 소령은 상부의 명령에 따라 대원들을 레드 윙 작전에 투입했다. 어렵게 탈레반의 진지를 찾은 대원들은 기회를 봐서 임무를 수행하기로 한다.

상부의 지시와 애초 그림대로라면 약간의 위험이 따르지만 실패할 확률은 높지 않다. 자리를 정확히 잡고 정조준하여 '아마드 샤'를 사살하고 약속된 장소에서 복귀하면 된다. 하지만 관객의 입장에서 영상속의 대원들을 보면 순간이 지옥이다.

실제 작전에서도 대원들은 잘못된 지점에 투하되어 긴 시간 산악을 헤맸다고 한다. 그런 과정은 영상에서 중요치 않게 연출되었다. 전 대원들은 목숨을 버릴 각오를 다지지만 한편으론 살아남아 돌아갈 수 있다는 희망도 가진다. 생각과 달리 현실은 언제나 부정적인 쪽이 강하게 나타난다.

양치기 청년의 산악 걸음은 거의 날아가는 수준이다. 다급한 상황에서 무전기도 잡히지 않는다. 산악지형은 대원들의 훈련된 걸음과 탈레반의 그야말로 모태 걸음은 지형적 차이에서 불리함을 당할 수밖에 없다. 전투는 치열했고 처절했다. 몰려드는 탈레반은 숫자도 엄청났지만 그들은 로켓포를 들고 이리저리 쏘아댔다. 단 네 명이었던 미군이 들고 있던 저격용 기관총으로는 게임 자체가 될 수 없었다. 그럼에도 대원들은 끝까지 사투를 벌였다.

관객은 이쯤에서 전쟁은 무엇이고 윤리는 무엇인가 고민할 수밖에 없다. 마이클이 교전수칙을 버렸다면 이들은 죽지 않았을 확률이 높다. 윤리란 비무장 민간인을 죽여서는 안 된다는 교전수칙처럼 노인과 청년, 소년을 다치게 해서는 안 되는 인간사회의 규범이며 양심이다. 이들이 탈레반일지 아닐지 모르는 상황에서 그들을 죽일 수는 더더욱 없다. 대원들이 양치기들을 모두 죽였다고 가장했을 때, 그때는 아무런 문제없이 본부로 돌아갈 수 있었을까 하는 문제 또한 알 수 없다. '샤'를 죽였다고 해도 로켓을 들고 날뛰는 엄청난 숫자의 탈레반들을 대원 넷이 해결 하기란 쉽지 않다.

감독은 촬영감독의 카메라에 의지한다. 관객들은 대원들과 같이 호흡하게 된다. '레드 윙 작전'은 참패로 끝났다. 수많은 작전들이 전장에서

실행되고 성공과 실패를 거듭한다. 국가나 군인들만이 스러져간 영웅들을 기릴 뿐이다. 그럼에도 '레드 윙 작전'이 지금까지 회자되어 오는 건 그들의 참혹한 죽음과 살아남은 자의 기록에 있다. 양치기들을 죽였어야 했다는 것과 대원들의 인간적인 고뇌가 적나라하게 펼쳐진 피터 버그 감독의 영화 '론 서바이버'가 탄생되었기 때문이다.

"사살해야 돼."

"교전수칙에 따라야해!"

"CNN이 뭐라고 떠들어 댈까?"

"저들은 탈레반이야, 눈빛을 봐."

그들의 말은 모두 정답이다. 이 대화를 통해 영화는 인간의 심리를 파헤친다. 관객들도 속이 터진다. 누구의 말을 들어야할지 해답이 금방 나오지 않는다. 대원들은 바위에 떨어지고 총에 맞은 손은 피범벅이 되어 있고 머리는 총알이 스쳐간다. 대장은 부하들을 구하기 위해 통신을 해야 했고 그들을 위해 기꺼이 목숨을 바친다.

"내 부하들이 죽어가고 있다. 도움을 요청한다."

피터 버그 감독은 가미된 연출은 보태지 않으려 애썼다. 그는 전투상황에서 적진에 홀로 떨어진 부상병의 고립과 공포심에 중점을 두었다. 관객들조차 공포를 느끼며 상황을 살핀다.

영화가 끝날 때까지 귀가 먹먹할 만큼 총성에 젖는다. 음악은 전투에 젖어든 음향처럼 들려온다. 엔딩 크레딧에서는 안타까움의 눈물을 보이는 사람도 보였다. 생전의 대원들 이름과 얼굴이 화면가득 환하게 웃고 있는 이유다.

감독의 보태기 연출이 많지 않으면서 실화인 충격적인 이 영화는 세상의 많은 사람들에게 선택이란 질문을 던지고 있다. 만약, 당신이라면 양치기들을 죽일 것인가, 살릴 것인가. 그것은 누구도 쉽게 답을 할 수가 없다. 19명이란 특공대원들의 목숨을 앗아간 탈레반 틈에서 홀로 살아남은 마커스는 아이러니하게 자신을 구조해준 사람이 탈레반의 동족인 파슈툰 부족의 굴랍(알리 술리만 분)때문이었다. 마커스의 생명을 구하기 위해 굴랍은 같은 동족을 죽이고 잃었다. 여기에서 관객들은 또 다른 의무와 수칙과 휴머니즘을 본다.

영화 '내 이름은 칸'에서 칸이 외친다.

"난, 테러리스트가 아니에요."

그렇다. 닮은 모습 같은 종교, 같은 탈레반구역에 산다고 모두 테러리스트는 아니다.

영화는 미 전역에서 회오리치듯 승승장구하던 '겨울왕국'을 누르고 박스오피스 1위를 차지했다. 제19회 크리틱스 초이스 시상식에선 액션 영화상과 액션 영화 남우주연상 수상의 영광을 안았다.

감독 피터 버그는 실제 작가로 활동하면서 동시에 배우이기도 하다. 그의 열정 덕에 세상에 더 많이 알려진 네이비실 대원들의 죽음은 또 다른 전장에서 사라져간 군인들의 처참한 죽음을 상기시켰다.

안나 카레니나 Anna Karenina, 영국, 2012
— 불꽃처럼 사랑한 여인

신화를 보면 인간세상에선 서로의 짝을 찾아 헤매다 많은 시행착오를 한다. 무엇이 진실한 사랑이며 그 사랑은 어디에서 찾을 수 있는지 고통스럽다. '호모섹슈얼'로 불리는 동성남성들이나 '레즈비언'이라고 부르는 동성여성들의 사랑은 진실하지 않다는 말인가. 말이 안 된다.

이성 간의 사랑이나 동성 간의 사랑이나 그들은 나름대로 최고의 진실한 사랑을 하고 있다. 안나 카레니나가 유부녀여서 젊은 브론스키와 사랑을 하는 게 진실하지 않다고 말할 수 없다. 그들은 진실하다 못해 사랑을 위해 목숨을 버리지 않았는가!

영화를 읽어본다.

상류사회의 중심에 서있는 안나 카레니나(키이라 나이틀리 분)는 이성적이고 지성적인 남편 알렉시아 카레닌(주드 로 분)과 8세의 아들과 함께 살고 있다. 고위층인 남편은 매사에 지적인 행동을 요구한다. 자유

롭고 싶은 안나는 차가운 남편에게 자신이 소외되고 있다는 생각을 갖는다. 호화스런 대저택도 답답하게 느껴진다. 우울함을 달랠 길 없던 그녀는 친정오빠에게 다녀오기로 하고 기차를 탄다. 우연히 마주친 젊은 장교 브론스키(애런 존슨 분)와 안나는 첫 눈에 반한다. 운명은 그렇게 시작되었다.

감독 조 라이트는 이미 명감독의 반열에 올라있다. 미남이기도 하지만 감독 중에선 젊은 층에 속해서인지 '사랑' 주제가 대부분이다. 하지만 통속적이거나 사랑타령만 추구하는 것이 아니라 그의 확고한 작품 세계를 강조하고 있다. 어떤 시대상을 통해 관객에게 선사하는 역사의 산물과 당대 사람들의 사상과 세계관이 연인들을 매개로 펼쳐 보인다.

조 라이트 감독의 데뷔작인 '오만과 편견'은 운명이 사랑을 따라 변한 다고 생각한 깊은 사고를 요구하는 명작이다. 그 작품에서도 주인공인 엘리자베스는 아직 성숙되지 않은 21세의 아가씨였던 키이라 나이틀리 가 맡았었다. 어렸지만 그녀의 연기는 세련되고 진중하다.

이번 안나 카레니나에서 전작의 믿음을 안고 여배우면 모두 탐내는 안나 자리를 그녀에게 맡겼다. 감독이 배우를 결정하는 시각을 알 수 있 다. 이처럼 키이라 나이틀리는 조 라이트 감독과의 인연으로 작품에서 처럼 서로 신뢰하고 믿고 보는 배우로 성장해 갔다.

감독은 배우와의 인연도 운명처럼 생각하는 것 같다. 그의 배우 캐스 팅에 있어서는 깊고 세밀하게 결정하는 걸 알 수 있다. 영화 '어톤먼트' 에서 하인의 아들인 로비 역은 조 라이트 감독이 단 한 번 본 제임스 맥 어보이의 우수에 찬 눈동자에 이끌려 캐스팅했다. 명작의 주인공으로 선택된 제임스 맥어보이는 스타의 반열에 올랐다.

'어톤 먼트'는 전쟁이 포함되어 있지만 가슴 절절한 연인들의 만남을 죽음으로 끝맺게 하는, 오직 한 사람을 기다리는 사랑이 주제였다. 이 영화에서 조 라이트는 영화를 사랑하는 관객들에게 찬사를 받는다. 감독의 연출력은 제61회 아카데미 시상식에서 수상으로 인정받았다. 그에 반해 영화 '안나 카레니나'는 애절한 사랑보단 불꽃같은 순간의 사랑이 진실된 사랑으로 위장되어 있다. 결국, 화를 참지 못하고 기차역에서 벌어지는 자살이 영상의 엔딩이지만 관객으로선 섬뜩한 장면이다.

여러 번의 동명영화가 있었지만 조 라이트 감독의 안나 카레니나는 연출부터 특별하다. 화면이 펼쳐지면서 무대는 관객에게 연극을 보는 시각효과를 노린다. 무대 위의 커튼이 열리면서 카메라는 달리듯 영상 속으로 빨려 들어간다. 관객들의 시선은 카메라의 이동과 함께 폭설을 안고 달려오는 설원 속의 기차를 맞는 순간이동을 하게 된다.

감독은 일반적인 영상을 통해 시나리오를 표현하기보단 이런 연극식의 무대 영화구성이라는 독특한 연출을 시도한다. 그 덕분에 관객들은 안나의 연인인 브론스키가 경마장에서 시합도중 연극무대 밖으로 말과 함께 떨어지는 사고를 보자 경악하게 된다. 이렇게 영상이 아닌 실제의 극을 보여주는 구성이 영화계에서 흔하게 시도하지 않던 놀랄 만한 조 감독연출의 백미라고 볼 수 있다.

안나 카레니나는 최고 여배우들의 사랑을 한 몸에 받는 캐릭터이다. 수많은 여배우들이 눈독을 들일 만큼 매력 있는 배역으로 21세기의 미녀로 등극한 영광의 얼굴은 다양한 캐릭터를 소화해내며 승승장구하고 있는 키이라 나이틀리에게 돌아갔다. 그녀는 맡은 배역에 대해 감독의

요구에 맞춰 완벽하게 변신해간다. 더군다나 이번 영화에서 안나를 더욱 실감나게 연출할 수 있었던 것은 두 남자 주인공의 공이 매우 크다.

남편 역인 카레닌의 주드 로는 피플 지가 인정할 만큼 섹시남으로 선정되기도 했다. 하지만 주드 로는 섹시미를 버리고 카레닌에 빙의한다. 그는 약간은 냉정하며 지적이고 이성적인 중년의 멋을 발산하는 고위층으로 완벽하다. 그렇다면 사사건건 도발적인 안나의 연인은 누군가. 바로 애런 존슨이다. 안나가 상류사회의 일상과 가족을 버리고 사랑의 열병을 앓을 만큼 매력적인 애런은 조 라이트 감독이 그의 두 눈동자에 반해 캐스팅했다고 한다.

관객들이 처음 애런 존슨과 눈이 마주쳤다면 금발의 청년이 만화 속

에서나 볼 것 같은 얼굴로 자신을 바라보는데 그 어떤 여인이 넘어가지 않을까 하는 생각이 든다. 그런 미소년 같은 애런은 충분히 상류사회의 안나와 사랑에 빠질 수 있겠다는 감독의 판단이 잘 맞아 떨어졌다.

주드 로는 내적 갈등이 상당히 심한 배역을 차분히 소화해 갈채를 받는다. 애런 존슨도 이미 감독들에게 인정받은 스타지만 영화 안나 카레니나에서의 브론스키는 한층 더 성장한다. 인생과 삶을 관조할 수 있는 아픔을 잘 표현해낸 결과물이다.

두 주인공의 연기 싸움은 안나의 출산 직후 그녀가 죽음직전이라고 판단한 남편과 브론스키의 만남이다. 아내의 연인을 마주하고 있는 현실이 곤혹스런 남편 카레닌은 브론스키에게 안나를 잘 돌볼 테니 이젠

오지 말라고 충고한다. 힘이든 건 마찬가지인 브론스키는 도리어 그런 냉랭한 카레닌의 가슴에 파묻혀 통곡한다. 아빠와 아들 같은 모습이지만 경쟁상대다.

순간의 외적인 감정이나 내면의 아픔을 두 사람이 완연히 다른 듯 하나가 되어 상황을 만들어가는 모습이 사뭇 진지해 보인다. 감독이 요구하는 그림이 이뤄졌다는 것은 관객도 장면에 수긍한다는 의미가 된다.

'어톤먼트'에서 감독은 던 커크 해변의 전쟁 상흔 장면을 위해 2천여 명의 엑스트라를 동원했다. 관객들도 숨죽이는 과감한 연출이었다. 그렇게 적재적소에 영상미를 위해선 공을 들이는 감독이 이번 '안나 카레니나'에선 무도회장의 연출을 실감나게 표현했다. 엑스트라 300여 명의 댄서만으로 대사와 스토리를 표출하는 연기는 새로운 시도였다.

영화가 시작되면서 많은 사람들이 안나의 화려한 명품보석과 고전적이며 세련된 현대미까지 갖춘 의상에 입을 모았다. 키이라 나이틀리의 농익은 연기가 지나친 명품장식에 금이 갈까 걱정이 될 정도다. 전설적인 명배우들이 열연하며 이어져온 '안나 카레니나'는 조 라이트 감독의 연극구성 방식으로 새롭게 재탄생되었다.

이미 1935년 그레타 가르보가, 1948년 비비안 리가, 1997년 소피 마르소가 여주인공을 맡았었다. 모두 더 이상의 미사여구가 필요 없는 배우들이다.

영화에서 1870년 당시의 러시아 사교계는 화려함의 극치를 보인다. 영화 대부분은 세트장에서 촬영되었지만 안나와 브론스키가 사랑을 나누던 아름다운 숲은 영국과 러시아에서 현장 촬영되었다. 관객들의 평가는 나누어지겠지만 미장센이 살아있는 영화다.

2012년 타임지 선정 최고의 영화로 선정되었고 제85회 아카데미 시상식에서 의상상을 수상했다.

플라이트 flight, 미국, 2012
—영웅에서 죄인으로

　중독의 힘은 실로 엄청나다. 가끔은 지나치다고 생각할 만큼 스스로를 정당화시키는데 전념을 다한다. 권력이나 범죄도 같은 맥락이며 알코올만이 벗어나기 힘든 것은 아니다. 중독을 벗어나기란 무척 힘들지만 그걸 이길 수 있는 힘 또한 인간은 갖고 있다. 종교적인 힘이나 타인의 힘을 얻어 벗어나려 노력도 해본다. 그건 용기라는 무기와 같다.

　알레 한드로 곤잘레스 이냐리투 감독이 만든 영화 '21그램'은 다양한 캐릭터가 눈길을 끈다. 특히 범죄 중독자인 잭 조단(베네치오 델 토로 분)은 죽이지도 살리지도 못할 정도의 문제를 안고 있다. 하느님께서는 '너의 머리카락의 떨림까지도 알고 있다'며 설득하는 목사님의 말씀에 범죄의 늪에서 벗어나는 듯했다. 하지만 위기가 닥치면 신이 자신을 버렸다고 믿는다. 그런 과정을 반복하면서 그는 죄의식을 갖게 되고 괴로움에 시달린다.

190

영화 '플라이트'도 마찬가지다. 시나리오가 전혀 다른 두 영화이지만 중독이란 맥락에서 주인공들의 고통스런 내면이 상당한 공감대를 보이고 있다. 이 영화는 종교적인 문제를 갖고 있진 않다. 다만, 종교의 힘도 개입이 되면서 자신의 노력과 결단력 없이 그저 생기는 것은 아무것도 없다, 라는 메시지도 깔려있다.

영화를 읽어본다.

여느 날과 마찬가지로 윕 휘태커(덴젤 워싱턴 분)는 올랜드에서 애틀란타로 가는 항공기에 오른다. 기장의 자리가 그의 일터다. 비행기는 출발하자마자 심한 난기류에 휩쓸린다. 베테랑인 휘태커는 부기장의 만류에도 불구하고 고속으로 난기류를 빠져나온다. 승객들은 격하게 흔들리던 비행기가 평형을 유지하자 기뻐한다. 하지만 기쁨도 잠시 얼마 가지 않아 비행기는 오작동으로 요동치기 시작하고 기내 짐들은 무기가 되어 사방으로 날아다닌다.

감독 로버트 저메키스는 분명 거장이다. 그의 작품 '백 투 더 퓨처' 시리즈와 '포레스트 검프'는 미국 의회 도서관이 선정한 영구 보존 영화로 등재될 만큼 실력이 인정되었다. 이번 영화는 실사영화로 덴젤 워싱턴과 처음으로 호흡을 맞췄다고 한다. 유명배우와 거장이 만난 영화는 감독 이름만으로 관객동원에 큰 힘이 된다. 저메키스는 '플라이트'에서 미국의 문제점과 그 이면에 미국의 양심이 살아 있음을 그리고 있다.

휘태커 기장은 비행 중 이상 난기류를 만나도 당황하지 않고 '딱' 비행기를 정상으로 돌려놓을 만큼 최고의 파일럿이다. 자의반 타의반 단연 베테랑임을 인정받는 사람이지만 문제는 난기류를 만나기 조금 전까지 영상으로 본 기장의 행위는 중범죄자로 쪽잠을 자고 있었다.

출발 전, 승객들에게 애틀랜타까지 걱정하지 않아도 된다는 방송을 하면서 승무원들 몰래 한 손으론 주스에 위스키를 탔다. 비행 중에도 수시로 주스처럼 위스키를 마셔대는 기장 휘태커를 부기장은 불안하게 주시한다. 참으로 양심 없는 폭탄과 같은 인간이 아닐 수 없다.

바로 이 부분이 죽이지도 살리지도 못할 인간이던 잭 조단과 닮았다. 관객은 이런 인간을 어떻게 처리해야 할지를 알고 있지만 감독은 그에

게 어떤 벌을 내릴지 좀 더 두고 볼 작정이다.

세계적으로 문제가 되고 있는 알코올 중독자에 대해 저메키스는 제재를 가해야 한다는 생각이 강하다. 휘태커가 노련한 경험으로 이상 난기류를 헤쳐 나가고 기체의 결함으로 모두 죽을 위기에 처하지만 6명을 제외한 나머지 승객의 목숨은 큰 사고 없이 구했다. 사람들은 그를 영웅이라 칭송하지만 사고조사 과정에서 문제가 발견된다. 조사반은 기체 결함은 물론 기장의 음주에 대해 집중 추궁한다. 영웅이 되든가 죄인이 되든가 해야 할 기로에 서게 된다.

그는 음주운항이라는 끔찍한 상황을 모면할 길은 죽은 동료에게 음주행위를 덮어씌우는 길 밖에 없다. 그렇지 않으면 기체결함으로 추락했

어도 기장의 음주행위는 감방행이다. 그렇게 되면 영원히 기장으로서 비행기에는 오를 수 없다. 불을 보듯 뻔한 상황에서 과연 자신이 술을 마셨다는 말을 할 용기 있는 자가 얼마나 있을까 궁금하다.

판결을 기다리는 과정에서도 휘태커는 술을 자제하지 못하고 마약마저 섞어가며 기절하도록 마신다. 염치도 자제력도 없는 그를 보면서 살리기 위해 최선을 다하는 회사 측 지인과 변호사는 실망한다. 그는 동료들을 찾아다니며 도와달라고 애원한다. 부기장은 기장이 술을 마시는 사실을 알고 있었지만 조사반에게 말하지 않겠다는 약속을 해준다. 대신 하느님께 기도를 드린다.

청문회가 시작되자 조사반의 반복되는 질문에 휘태커는 죽은 동료에게 뒤집어씌울 것인가 아니면 자신이 알코올중독자라고 고백해야할 것인가 하는 딜레마에 빠진다. 이것은 일반적으로 대부분의 사람들이 느끼는 감정일 수밖에 없다. 더구나 순간의 선택에서 영웅이나 죄인이 되는 건 감당하기 어려운 과제다. 증인이 없다는 사실이 더욱 갈등을 부채질하게 된다.

'하느님 도와주세요.' 인간이 절대적 위기에 처했을 때 누구나 내 뱉는 간절한 기도다. 파르르 떨리는 그의 목소리에 조사반의 목소리가 칼날처럼 꽂힌다. 비행을 시작했을 때 부기장은 여러 번 하느님을 찾았다. 사고 후에는 병실로 찾아온 휘태커를 잡고 하느님께 기도했다. 여기에

서 부기장은 종교의 힘을 믿고 의지한다는 의미지만 기장은 다르다. 이 것은 굳이 종교적인 신념으로 다가간 문제가 아니라 위기에 처한 인간 의 절규다. 그들이 애절하게 하느님을 찾았지만 하느님도 어떻게 할 수 있는 상황이 아닌, 인간의 양심에 대한 본질적과제로 볼 수 있다.

여기에서 덴젤 워싱턴의 휘태커 역은 최상의 캐스팅이었다. 그는 중 독에서 벗어나기 위해 모든 술병을 쓰레기통에 버리지만 다음날 다시 술을 사 마신다. 휘태커의 불안함을 일그러진 얼굴과 공포에 질려 미세 하게 떨리는 입술로 표출하는 워싱턴의 연기는 중독자의 모습 그 자체 다. 관록의 배우임을 유감없이 드러내는 연기력은 아카데미시상식의 남우주연상후보로 노미네이트되기도 했다.

또 다른 예를 들면, 휘태커의 술에 대한 자제력 표현이 가감 없이 보이는 장면이다. 자신을 도우려는 찰리(브루스 그린우드 분)와 변호사 휴랑(돈 치들 분)이 술에 손대지 않겠다는 약속을 믿고 떠난 뒤, 불안과 초조함이 엄습해 오는 영상은 관객마저 숨죽이게 만드는 아슬아슬한 신이다. 방문이 덜커덕거리는 소리와 작은 냉장고의 문이 카메라 속으로 빨려들 듯 교차되면서 빠르게 이동하는 장면은 이 영화의 메시지인 갈등을 고조시킨다.

감독은 그런 심미적 불안을 관객이 어떻게 느낄 것인가에 대한 연출로 화면가득 워싱턴의 얼굴을 클로즈업 한다. 감독의 특징적인 면이라 할 수 있다.

이 영화에선 항공기협회 청문회 장면이 저메키스 감독의 결정적 한방이다. 법정을 방불케 하는 엄숙함과 관객석과 피의자석, 조사위원들의 자리 배치 등이다. 더불어 휘태커의 진땀나는 열연은 보기가 안쓰럽기까지 하다. 여기까지 영화는 추격자와 도망자의 관계로 관객의 집중적인 시선을 잡고 있다. 하지만 영화의 매듭은 엉성해져 버린다. 엔딩에서 저메키스 감독은 휘태커를 바른 길로 인도하지만 당혹스럽다. 갑자기 어떤 연결고리가 뚝 끊어져 버린 느낌이 든다. 어쨌거나, 감독이 요구하는 인간의 양심과 욕망의 끝에서 고뇌하는 휘태커의 분신 덴젤 워싱턴은 그 이상의 연기로 관객을 몰입시켰다.

작가 이윤기의 『그리스 로마신화』에 술의 신 디오니소스의 이런 말이 나온다.

"내가 너희에게 준 술과 술자리는 쾌락이 아니라 한 자루의 칼이다. 너희는 자루를 잡겠느냐, 날을 잡겠느냐? 내가 너희에게 준 술은 생성과 소멸을 거듭한 한 알의 곡식과 과일이……."

술의 신이 이승과 저승을 오갔다는 설이 괜한 건 아닌 것 같다. 되새겨 볼 말이다.

어둠 속의 댄서 Dancer In the Dark, 덴마크 외, 2000
— 유전자는 하늘의 계시처럼

유전자는 참으로 무섭다. 대를 잇거나 건너뛰며 전달되는 변형인자에 사람들은 고통스럽다.

교통사고와 유전이 겹쳐 일생동안 서른두 번의 수술을 한 여인이 있다. 바로 멕시코의 벽화거장 디에고 리베라의 아내인 전설적 화가 프리다 칼로이다. 그녀의 눈썹은 갈매기 형상으로 매우 특징적이다. 그녀가 태어나고 잠든 파란색깔의 집은 팬들의 성지가 되었다고 한다.

그곳을 한국의 김미래 기자가 지구 반 바퀴를 돌아 찾아 갔다. 기자를 맞이한 사람은 프리다와 정말 닮았고 프리다처럼 절뚝이며 나타났다. 프리다 칼로의 여동생 크리스티나의 손녀라고 했다.

그녀의 주치의가 말하길 유전적 요인이라고. 유전병이 얼마나 고통스러운 것인지 듣기만 해도 끔찍하다. 영화 '어둠 속의 댄서'도 그와 마찬가지다. 윗대에서 물려받은 실명의 유전자를 아들에게 되 물리지 않기 위해 체코에서 미국으로 이민 온 셀마의 마음을 읽을 수 있다.

영화를 들여다본다.

공장에서 일하는 셀마(비요크 분)는 아들과 단 둘이 산다. 그녀는 시력이 점점 나빠지고 있다. 의사는 얼마가지 않아 완전히 시력을 잃게 될 것이라 말한다. 그녀가 두려움에 떤다. 자신이 앞을 보지 못한다는 경고가 무서운 것이 아니다. 유전자를 물려받은 아들이 걱정이다.

아들이 13세가 되는 날 수술을 해주기 위해 밤낮으로 일한다. 이미 눈은 잘 보이지 않는다. 남들이 눈치 챌까봐 단짝이며 비밀을 알고 있는 크왈다(카트린느 드뇌브 분)의 도움을 받아 하루하루 넘긴다. 체코에서 미국으로 이민 온 것도 아들의 눈 수술 때문이다.

셀마의 꿈은 뮤지컬 가수였다. 시력은 잃었지만 그녀는 꿈을 포기하지 않는다. 공장에서 돌아가는 쇳소리들이 그녀에겐 신나는 음악으로 들린다. 꿈은 꿈으로 간직한 채, 상상 속에 가수가 되어 산다. 일상이 아들을 위한 노동으로 시작과 끝을 맺는 셀마는 아들의 수술비용을 주인집 남자에게 도둑맞는다.

'어둠 속의 댄서'와 닮은 작품이 있다. 스티븐 달드리 감독의 '빌리 엘리어트'이다. 이 영화는 자식을 위해 희생하는 아버지의 얘기다. 주인공인 빌리는 11살이며 아버지와 형은 광부다. 빌리는 발레를 꿈꾸지만 집안 형편은 그렇지 못하다. 빌리의 춤을 본 아버지는 작은 아들이 탄광촌에서 탈출할 수 있는 유일한 길이 발레임을 알게 된다. 그는 아들의 유학비를 마련하기 위해 파업 중인 동료들을 배신한다. 계란세례를 받으며 아들을 위해 지하 갱 속으로 들어간다.

이 장면은 셀마가 사형장에서 올가미를 썼을 때와 비교하면 그 긴장감은 간발의 차이다. 빌리의 아버지는 갱 속에서 항상 목숨을 담보로 일한다. 그 길을 아들이 따라오지 못하게 자신을 버리는 이유다. 셀마 역시 자신이 실명했듯이 아들은 어둠속에서 벗어나게 해주려는 모성이 이 작품들의 공통점이다. 두 작품에서처럼 아버지는 아들을 위해 목숨을 내놓고, 셀마는 아들을 위해 목숨을 잃는다.

부모의 사랑은 이렇게 무한대다. 영화 '피에타'에서도 아들의 복수를 위해 엄마의 처절함을 연출하고 있다. 모성의 강함을 보여주는 영화처럼 부모의 절절한 마음을 담은 영화는 꽤 많다. 연출과 시나리오는 닮은 점이 많은데 유독 '빌리 엘리어트'만이 더 많은 관객을 유혹하고 있다.

이유는 관객들의 다양한 시선에서 나오는 결과라고 보지만 '어둠 속의 댄서'는 어설픈 연기력도 한몫 거든다. 셀마를 향한 감독의 기대치가 너무 높았지 않나 하는 생각이 든다. 그녀 혼자서 영화를 끌고 가는 기분이다. 경찰인 빌의 연기가 제대로 표현되지 않은 것은 감독의 배우에 대한 예우가 지나쳐 보인다. 억지스런 장면에서 조금 당황스러웠다.

예를 들면 셀마와 빌(데이빗 모스 분)의 관계다. 빌은 셀마의 집에서

돈을 훔치려 문 밖을 나간 척하며 서있다. 감독은 셀마가 전혀 보이지 않는 설정을 해두었다. 관객들은 안타깝게 바라보지만 허점이 드러나는 순간이다. 그녀는 귀와 손끝으로 위험하고 세밀해야하는 공장에서 작업을 한다.

그런 셀마가 문 닫히는 소리가 날 때 빌이 나갔다고 믿는 것은 신중하지 못한 연출이란 것이다. 보통 사람들도 눈을 감고 있으면 발자국 소리에 누가 왔는지 나갔는지 알 수 있다. 빌은 문소리만 냈다. 그가 나가지 않았다는 것을 예감할 수 있는 부분이다.

빌이 셀마에게 자신을 죽여 달라며 애걸복걸 매달리는 신 역시 어설프다. 권총엔 셀마의 지문은 이미 많이 묻어 있다. 자신이 스스로 목숨을 끊어도 셀마는 잡혀갈 수밖에 없는 상황이다. 억지로 떼를 쓰듯 하는 연기는 관객들의 집중력을 떨어트릴 뿐이다. 이런 연출들이 곳곳에 묻어났다는 것은 감독의 시선에 태클을 걸지 않을 수 없다.

라스 폰 트리에 감독은 셀마의 인생에도 개입하지 않는다. 엔딩을 보며 차라리 개입되어 그녀를 구조해주었으면 좋겠다는 생각이 들 정도다. 삶이 그토록 잔인하게 엉킬 수는 없다. 셀마의 인생은 처절하다. 자신은 원하지 않았지만 부모에게서 물려받은 유전자의 힘은 그녀를 파괴시킨다. 스스로 누구도 거부할 수 없는 힘을 가진 유전자는 하늘의 계시처럼 다가온다. 뮤지컬 가수가 꿈이었지만 차츰 시력이 나빠지면서 꿈을 접고 아들을 위해 살아간다. 자신이 되물려준 유전자로 아들도 시력을 잃어가고 있기 때문이다.

영화의 전개와 결론만 보면 연출의 흐름은 매우 의미가 있고 흥미롭다. 하지만 시나리오의 재해석과정에서 약간의 불편함이 느껴진다. 배우들의 연기력이라든가 영상장치들이 그렇다.

감독의 정의는 무엇인지 관객들은 영화를 보는 동안 고민해야 한다. 극적인 감동을 주기 위해 자신을 희생시키는 모정 앞에서 관객은 숙연해 질 수 밖에 없다. 그렇지만 마냥 감동 받을 수만 없는 장치들이 곳곳에 드러난다. 앞이 전혀 보이지 않는 사람이 금형조작의 일은 한다는 것은 있을 수 없다. 미세한 울림도 감지할 수 있다는 경력자도 조심해야

하는 일이다. 또한, 집주인 빌은 경찰이며 이민자인 그들에게 한없이 자상하게 대해준다. 그런 사람이 아내의 사치를 감당하기 위해 도둑질을 하고 자신의 목숨을 건다는 것도 미흡한 연출로 보인다.

문제의 장면에서 빌은 앞이 보이지 않는 셀마의 손을 잡고 싸움을 하지 않아도 된다. 스스로 자신을 향해 총을 발사할 수 있다. 어설프게 몇 발의 총을 맞아가며 여인의 손을 빌어 자신의 머리에 총구를 갖다 대는 상황은 완전 민망한 발상으로 볼 수밖에 없다.

그렇다 해도 전반적인 흐름을 말하는 것이지 영화자체의 문제를 제기하는 건 아니다. 영화는 현실과 상상을 오가는 이중노출의 영상을 보여주며 뮤지컬의 화려함도 선사한다. 열차 선로를 따라 걸으며 그녀는 미래를 포기한다.

셀마의 노래에 맞춰 열차 위 노동자들의 뮤지컬이 현실과 가상의 세계를 덮고 있다. 이 장면은 뮤지컬영화의 백미다. 그녀의 꿈을 보여주는 연출이 돋보이는 순간이었다. 더불어 명배우 카트린느 드뇌브의 모습을 볼 수 있는 기회도 흑백의 미학처럼 영상을 돌아보게 한다.

주인공 셀마로 열연한 가수 비요크는 실명과 사형의 순간들을 리얼하게 잘 표현해 내며 칸 영화제에서 여우주연상을 수상했다.

아델라인; 멈춰진 시간 The Age of Adaline, 미국, 2015
― 백 년 동안 같은 모습으로 산다면?

사람이라면 누구나 젊음을 원한다. 성형외과의 광고판을 보면 주름 많은 여인의 얼굴이 있고 옆에는 성형 후의 젊고 아름다운 여인의 모습이 찍혀있다. 사람들은 광고판을 주목한다. 정말 저렇게 주름이 사라지고 이 여인처럼 될까라는 희망을 가지고 병원 문을 들어선다.

늙지 않고 백세까지 살고 싶은 욕망이다. 그 정도는 수긍할 수 있지만 혼자서 영원히 같은 얼굴에서 멈춰선 상태라면 문제는 달라진다.

사람들은 수런거릴 테고 어떻게 변하지 않을 수 있을까 하는 의문은 증폭된다. 급기야 어떤 실험실로 끌려가 육체가 발가벗겨질지 아무도 모른다. 하얀 쥐에게 하듯이 굵은 주삿바늘이 몸속을 파고드는 연구대상이 될게 뻔하다.

이 영화 '아델라인; 멈춰진 시간'이 바로 영원한 젊음이 내게 온다면 하는 상상을 해보게 한다. 인간의 삶과 욕망과 사랑에 대해 판타지의 세

계가 합쳐진 영상이다.

영화를 읽어본다.

딸을 만나러 가던 아델라인(블레이크 라이블리 분)은 뺑소니 교통사고를 당한다. 차는 물속에 빠졌고 그녀는 숨이 끊어졌다. 때마침 하늘에서 강력한 천둥벼락이 물속에 잠긴 승용차에 떨어지면서 그녀의 심장이 되살아난다. 당시 29세였다. 사고 이후, 그녀의 외모는 세월이 가도 바뀌지 않는다. 자신은 좋은 화장품을 써서 친구들보다 피부가 고운 줄 알았다.

우연한 계기로 경찰의 신분증 조회에서 변하지 않은 외모로 추궁을 받고 잡혀가다 이상을 감지하고 트렁크를 이용해 탈출한다. 범죄자가 아닌 도망자의 생활이 시작된다.

시나리오 작가이며 감독인 리 톨랜드 크리그는 이 영화에서 인생이란 무엇인가 하는 메시지를 담아내고 있다. 사람이 살아가면서 감내해야 하는 삶의 무게들과 사랑의 변증법이 다양한 방법으로 영상을 통해 관객들을 찾아온다.

사람들은 동안이란 소리를 들으면 은근히 좋아한다. 외모에 관심이 많은 사람들은 날마다 젊어지기 위해 팩을 하고 좋은 화장품으로 얼굴 관리를 끊임없이 한다. 정도에 맞게 과하지 않다면 사회적으로도 밝은 세상이 될 수 있으니 고민할 필요는 없다. 노화에 대한 관심이 급증하면서 과학자들도 다양한 연구를 해오고 있다. 어떻게 하면 인간이 장수를 하고 노화를 예방할 수 있는지에 대해 끊임없는 연구를 해오고 있는 게 현실이다.

영화에서 주인공 아델라인처럼 백 년 동안 젊은 모습 그대로 늙지 않고 살 수 있는 연구결과가 나왔다면 이 지구상은 어떻게 될까. 여러 조건으로 인해 전 세계인이 모두 그 혜택을 받을 수 있는 건 당연히 아니다. 그렇다면 혜택을 받은 자만이 백 년 동안 변하지 않는 모습으로 살아간다면 영화처럼 많은 사건들이 벌어질 수밖에 없는 게 진실이다. 아님, 조물주에 대한 반항의 결과물로 지구가 폭발해 버릴지도 모른다.

감독 리 톨랜드는 늙고 싶지 않은 인류의 끊임없는 욕심에 대해 생각한다. 만약에 변하지 않는 육체를 가졌다는 가설을 해보았을 때, 과연 어떤 상황이 벌어질 것인지 다양한 상상이 떠오른다. 그는 영화 '아델라인'을 통해 예를 들어 보인다.

우선 아델라인은 107세가 되었지만 29세의 모습 그대로이다. 처음 사고 이후 친구들과 만나도 자신은 항상 아름다웠다. 10년이 지나도 그대로인 자신을 부러워하는 친구들을 보면서 스스로 좋은 화장품을 쓰고 관리를 잘해서 라는 생각을 해왔다. 하지만 점점 노화되어가는 딸과 친구들을 보면서 변하지 않는 자신의 육체에 무언가 잘못되어 가고 있음을 알게 된다.

　이상엽 연출의 TV드라마 '미스터 백'은 70대의 재벌 회장이 우연한
사고를 당하면서 30대로 돌아가 젊어져 버린다. 돈밖에 모르던 최고봉
(신하균 분) 회장은 육체가 젊어지자 젊고 예쁜 여자에게 사랑을 느낀
다.

　있을 수 없는 상황이라는 것과 누구도 그런 진실을 믿으려 하지 않는
다는 현실에 갈등하지만 회사와 가족을 위해 좌충우돌하는 최고봉의
노력은 가히 눈물겹다. 아무도 그의 진실을 믿어주지 않았을 때, 착한
여인 은하수(장나라 분)는 그를 도와준다.

　아델라인은 변하지 않는 외모 때문에 10년 주기로 이사를 해야 하고
위조 신분증을 만들며 숨어 살아가야한다. 새로운 곳에서 우연히 만난

엘리스(미치엘 휘저먼 분)와 사랑에 빠지고 그의 집에서 몇 십 년 전, 결혼까지 꿈꾸었던 남자 윌리엄(해리슨 포드 분)을 만난다.

현재 사랑하는 남자의 아버지가 되어 있는 과거의 남자와 그녀는 마주 본 순간, 숨이 멎는다. 영상은 재빠르게 두 사람의 슬픈 과거를 되돌려 본다.

자동차가 한적한 시골길에서 고장이 나고 아델라인은 어쩔 줄 모른다. 때마침 지나가던 청년 윌리엄이 그녀를 도와준다. 영화란 언제나 그렇듯 둘은 첫눈에 반해 사랑에 빠진다. 윌리엄은 프로포즈를 하기위해 공원에서 기다리고 멀리서 그를 바라보던 백년을 살아온 여인은 다시 도망 갈 수밖에 없는 처지가 되었다. 그녀가 며느리가 되겠다며 찾아왔다.

'미스터 백'의 최고봉 회장이 은하수에게 조언과 위안을 받듯이 아델라인은 늙은 딸 플레밍(엘렌 버스틴 분)의 조언을 듣는다. 딸의 배역을 맡은 플레밍의 시선은 다시 말해 감독이 정해놓은 관객의 시선이며 관객들의 조언이다.

언제 나타날지 모르는 혜성을 무작정 기다리지 말라는 것이다. 플레밍이 말하듯 이젠 자신의 인생을 살아가야 한다는 의미다.

"엄마, 이젠 그만해요. 사랑하는 사람을 만나세요."

이 순간은 현실의 삶이 반영된 영상이다. 아무리 거대한 땅덩어리를 가진 미국이라 해도 도망자의 신세는 별반 넓지 않다는 것이다. 위조 신분이 언제 발각될지 모른다. 흡사 곡예사의 하루가 아니고 무엇이겠는가. 플레밍의 조언을 통한 삶에 대한 감독의 메시지다

아델라인은 사랑하는 사람이 나타나면 자신의 정체가 탄로날까봐 도망자 신세가 된다. 반복되는 생활의 서글픔이 여럿 반려견의 죽음으로 절절하게 표현되고 있다. 영상에서 가장 뜨거운 장면이며 관객들이 함께 호흡하는 순간이기도 하다.

이 장면을 극대화한 건 촬영감독 데이비드 란젠버그의 카메라 촬영기법이다. 어두운 조명아래 그림자를 잡고 블레이크 라이블리가 꿇어앉아 흐느끼는 옆모습은 관객의 마음을 함께 이동시킨다. 지난날, 사랑했

던 윌리엄과의 관계도 상처로 남아있던 그녀는 새로 만난 엘리스를 떠나야하는 고통이 견딜 수 없다.

여기에서 관객들은 하필 엘리스가 왜 윌리엄의 아들이어야 했을까하는 고민을 해봤을 것이다. 감독이 정해놓은 아델라인의 남자는 윌리엄이었고 다시 그의 아들인 엘리스가 된 것에 대한 해명은 그다지 고민할 필요는 없을 것 같다.

윌리엄은 세월 저편의 남자이기 때문에 다가갈 수 없다. 아델라인을 이십대의 그때로 돌려보내기 위해서는 윌리엄의 영혼과 같은 엘리스가 제격이기 때문이다. 감독은 윌리엄과 엘리스를 하나로 묶어 영화의 시작과 끝을 매듭짓는다. 그들 인생의 출발점인 것처럼.

이처럼 현실과 동떨어진 판타지적 시나리오는 관객들에게 새로운 시선을 받게 된다. 잔잔하면서 안정적인 영상미가 돋보이기도 하지만 블레이크 라이블리의 세련되고 지적인 외모가 관객의 마음을 흔들어 놓는다.

짧지만 진한 인상을 심어준 해리슨 포드의 윌리엄역할은 그가 주인공과 다름 아닌 역할이었음을 보여준다. 영화의 깊이를 더해주는 그의 연기는 진한 감동을 준다.

백 년이나 이백 년이 지나야 올 것 같은 혜성은 언제 떨어질지 기약 없다. 감독은 윌리엄을 통해 기다린다. 그것이 미래를 향한 우리 모두의 희망임을 말하고 있다.

　그다지 심각하게 볼 영화도 아니지만 만약에 내가, 만약에 저런 일이 내게도 벌어진다면 이란 단어가 자꾸 머릿속의 상상적 공간을 떠돈다. 설마 내게도 올 수 있을까라는 생각이다.

남자가 사랑할 때 한국, 2013
— "나쁜 놈, 형한테 절까지 하라 하네"

우리들은 영원한 사랑을 꿈꾼다. 도대체 사랑의 원점은 어디이고 어디에서 끝이 나는가.

사랑은 아무나 한다지만 그건 어불성설이다. 때론 불안하고 고독하며 지독한 아픔도 참고 견뎌내야 한다. 그런 인내심을 가질 수 있어야 사랑을 할 수 있다.

이안 감독의 영화 '색계'를 보면 주인공 이(양조위 분)는 일본 정보부 대장이다. 일본이 중국을 침략하면서 자신의 야망을 좇아 조국을 버린 자다. 일본의 개라는 별명을 얻고 조국의 지하조직들에게 항상 목숨을 위협받는다. 자신을 암살하기 위해 계획적으로 다가온 치아즈(탕 웨이 분)와 첫눈에 반한 이는 경계를 풀며 운명적인 사랑을 나눈다. 이처럼 전쟁의 아수라장 속에서도 사랑은 겁 없이 다가온다. 시나리오는 다르지만 남자의 사랑법이 닮은 한동욱 감독의 영화 '남자가 사랑할 때' 도

마찬가지다.

영화를 읽어본다.

태일(황정민 분)은 고리대금업을 하는 친구 두철(정만식 분) 밑에서 손가방 달랑거리며 사채 쓴 상인들에게 돈을 받아간다. 제때 빚을 갚지 못하면 부하들이 물건을 쓸어버리거나 심지어 사람을 때리기도 하는 일이 종종 벌어진다. 호정 아버지는 빚을 갚지 못하고 숨지자 태일과 일행은 병원으로 찾아가 강제로 호정(한혜진 분)의 신체각서를 받아낸다. 그 일이 생긴 뒤부터 태일은 이상하게 그녀의 얼굴이 아른거려 일이 잡히지 않는다. 그녀의 일터로 무작정 찾아간 태일은 빚을 탕감할 수 있는 방법을 제시한다. 하루에 한번 데이트를 해주는 조건이다. 격하게 거부 반응을 보이던 호정도 찌든 삶은 앞이 보이지 않을 뿐, 어떤 선택의 여

216

지가 없다.

감독 한동욱은 '남자가 사랑할 때'를 통해 남자의 순수하고 진정한 사랑을 선보이려 노력한다. 거기에 가족이란 울타리를 쳐놓고 잔소리하는 아버지와 틈만 나면 치고받는 가난하지만 형제애가 살아있는 휴머니즘을 만들어 보려는 구상도 해놓았다. 하지만 고리대금업자의 하수인인 태일의 상황은 어떤가. 딱 그 수준의 옷차림에 거친 말투와 행위들은 진실과는 거리가 꽤 있어 보인다. 가끔은 시장에서 상인들과 나누는 대화들을 보면 그에게서 인간미를 보여주는 장면들이 등장하지만 왠지 어색하다. 금고에서 태일이 마음대로 이자인지 일수 인지 걷어가는 연출은 믿음이 가지 않는 장면이다.

시나리오는 진정한 또는 순수한 남자의 사랑이라는 플롯을 안고 출발했지만 그에 따른 연출력은 부족해 보인다. 호정아버지가 빚을 갚지 못하고 입원하자 병원으로 찾아가 의식이 없는 사람에게 행패를 부리는 신은 원제와 거리가 있다. 거래처의 사람들과 상냥하게 인사하고 금고에서 알아서 돈을 걷어가는 사람이 입원실을 공포로 몰아넣고 숨이 끊어지기 직전인 환자가족에게 강제로 신체포기각서를 받아낼 수는 없다. 그런 사람들이 어떻게 진정성이니 순수함이니 떠벌리며 아름다운 수식어를 달 수 있는지 하는 부분은 맥락이 맞지 않다.

현실에서도 흔히 고리대금업자들과 상인들의 싸움을 볼 때면 살벌하

다. 태일이 첫눈에 반한 호정에게 막무가내식의 등장은 관객들도 기겁할 실제상황과 닮았다. 고리업자들의 설정은 영화의 재미를 위해 양념처럼 과하게 연출될 수도 있고 사실성도 있긴 하다. 문제는 태일이란 존재의 순수함이라든가 진정성에 대해 감독의 의도와는 약간 차이가 있다는 의미다.

또 다른 영화 '트로이'는 사랑 때문에 벌어지는 전쟁이다. 그리스의 스파르타왕인 메넬라우스와 트로이는 동맹을 맺고 축제를 벌인다. 그날 밤, 트로이 둘째왕자인 파리스는 메넬라우스의 왕비 헬레네와 서로 첫눈에 반한다. 신의 장난처럼 파리스는 헬레네를 데리고 트로이로 도망을 간다. 당연히 두 나라의 동맹은 깨지고 전쟁은 시작된다. 전쟁에

참여한 무적무패의 아킬레스(브레드 피트 분)는 사제가 된 트로이 왕녀 브리세이스에게 첫눈에 빠져든다. 죽고 죽이는 전장에서 사랑하는 여인을 위해 천하의 아킬레스는 목숨을 잃는다.

이처럼 남자가 사랑할 때는 물불을 가리지 않고 목숨도 내놓을 만큼 순수해지며 진실해 진다. 그렇지만 태일은 순수하지 않았다. 처음 호정을 만난 것부터 어둡다. 죽음을 목전에 둔 아버지에게 행패를 부리던 남자가 사랑을 느끼며 다가온다는 것은 그들의 이기적인 판단이다. 고리업자들의 끈기와 오기로 다가온 남자, 시간이 흐르며 차츰 동화되어 갔을 뿐이다.

'트로이'의 아킬레스가 브리세이스에게 사랑을 느껴 그녀를 위해 목숨을 잃는 것과 '색계'의 이가 치아즈를 사랑한 마음은 순수라든가 진실이 내포되어 있다.

영화 '남자가 사랑할 때'는 사랑이란 단어가 두려운 대상이기도 하다. 다행한 것은 이 영화에서 빼놓을 수 없는 관객과의 연결고리는 가족이라는 테두리다. 어두운 세계에 갇혀 살던 껄렁한 한 남자의 가족은 그저 평범한 소시민이다. 아버지는 마을버스를 몰고 하루를 시작하며 형은 공부가 하고 싶었지만 동생 태일의 사고처리 뒷돈 대느라 포기하고 이발소를 운영한다. 조카는 삼촌에게 틈만 나면 용돈을 뜯어내고 욕도 따라서 입에 착착 붙는다. 그런데도 흩어지지 않고 뭉쳐 산다는 것은 가족의 끈끈함이다.

한동욱 감독의 의도대로 가족을 내세움으로써 영화는 또 다른 사랑을 보여준다. 집안은 태일만 없으면 행복하다. 하지만 마음에 들지 않는 사고뭉치도 가족이니 받아들여야한다는 것은 부인할 수 없다. 그러다보면 집안은 점점 전쟁터가 되어간다. 이런 와중에 태일이 먼저 죽자 형이 장례식장에서 한 말이 떠오른다.

"나쁜 놈, 하다하다 형한테 절까지 하라고 하네."

이 부분이 관객의 마음을 움직이고 가슴 저린 진실 된 말이다. 영화를 보면서 관객들도 한 감독의 연출에 공감한 부분이다.

영화는 감독이 원하는 시나리오대로 가긴 힘들다. 더 큰 문제는 시나리오의 가치를 낮추는 배우가 있는가 하면 원하는 이상의 배우들도 있다. 이 영화에서 태일을 연기한 황정민이 바로 그 사람이었고 어설프면서 이길 수 없는 동생과 사사건건 싸움질인 형 곽도원이 그렇다.

두 사람의 연기가 이 영화의 숨통을 터주고 있는 건 사실이다.

박훈정 감독의 영화 '신세계'에서 정청을 연기한 황정민은 진짜 정청이었고 배우라는 직업적 경계의 선을 넘은 사람 같았다. 그가 '신세계'에서 보여준 극사실주의적 연기는 '남자가 사랑할 때'의 태일과 다를 바가 없다.

야곱 신부의 편지 Postia Pappi Jaakobille, 핀란드, 2009
― 고통스런 자들이여! 편지를 쓰자

알파고가 바둑계를 강타하면서 인공지능시대는 인간의 삶에 깊이 개입하고 있다.

조지 루카스감독의 '스타워즈'를 시작으로 리들리 스콧 감독의 '마션'이나 '프로메테우스' 등의 영화는 엄청난 제작비를 쏟아 부으며 관객들을 흥분과 열광의 도가니로 몰아넣었다. 또한, 최첨단의 우주공학에 따른 미션을 수행하듯이 감독들은 앞 다퉈 SF 스릴러물을 영상으로 옮기며 치열한 전쟁을 치르고 있다. 그에 따른 제작비는 상상을 초월할 정도가 되었다.

이미 많은 영화에서 우주를 탐사하는 수준을 넘어 '마션'처럼 살아가거나 화성에서 아기가 태어나 살기까지 한다. 이러한 첨단영화시장에서 잔잔한 파도처럼 밀려와 관객의 심금을 울리는 아날로그식 영화가 선보였다. 우주를 향해 도달하는 시간을 단축하는 영화가 판을 치는 이

때에, 툴툴거리는 자전거를 타고 전달되는 한 통의 편지로 사람의 마음을 지옥의 나락에서 구원해주는 신부가 있다. 이건 감독으로서 상당히 위험한 모험이다.

그럼에도 불구하고 제작비가 턱없이 부족한 핀란드의 조용한 영화는 틈새공략을 기막히게 성공시킨다. 우주선을 타거나 광선검을 휘두르지 않아도 편지 글 하나로 관객의 마음을 사로잡은 영화 '야곱 신부의 편지'가 감동으로 다가온다. 관객들의 마음을 사로잡은 짠한 영화다.

영화를 읽어본다.

눈이 보이지 않는 야곱 신부(헤이키 노우시아이덴 분)는 종신형을 선고받고 복역 중이던 레일라(카리나 하자드 분)를 사면시켜 집으로 불러온다. 레일라는 마을과 떨어진 외진 곳에 앞도 보이지 않으면서 홀로 사는 신부가 못마땅해 시큰둥하다. 자신을 해방시켜준 것도 반갑지 않다. 매사에 불만인 그녀는 매일같이 신부에게 오는 편지를 읽어주는 일을 한다.

마음의 상처가 큰 탓에 신부에게 편지를 읽어주는 것은 자신의 인생이 무의미한 것만 같아 그녀는 편지를 숨겨버린다. 신부에겐 편지가 오지 않는다고 거짓말한다.

이 영화는 핀란드의 클라우스 해로 감독의 작품이다. 그는 앞이 보이지 않는 신부를 통해 세상은 삶이 고통스럽고 마냥 헤쳐 나가기 힘든

일만 있는 것은 아니란 것을 보여준다. 그 누구도 무의미한 삶은 없는 것이며 필요 없는 인생은 없다는 메시지이다.

레일라는 세상에 하나뿐이었던 사랑하는 언니의 남편을 죽였다. 매일 같이 언니를 폭행하는 형부를 보다 못해 저지른 사건으로 구속되고 언니는 자신을 떠나버렸다.

종신형을 선고 받고 지내던 중 야곱 신부의 도움으로 사면되어 내키지 않는 발걸음을 옮겨왔다. 카메라는 레일라의 퉁명스런 얼굴을 클로즈업 시키며 이야기의 실마리를 풀어 놓는다.

클라우스 감독은 야곱 신부를 성자로 표현하고 있다. 신부는 자신의 몸도 잘 처신하지 못할 만큼 노령이며 맹인이다. 그럼에도 불구하고 알

지 못하는 수많은 사람들의 편지 속에서 슬픔과 행복 또는 꿈과 기원을 소망하는 평범한 사연들을 가슴으로 듣고 이해하고 그들과 함께 기뻐하고 아파한다. 때론, 살인과 같은 무서운 비밀을 고백하는 고해성사도 듣게 된다. 매일 반복되는 사연들을 해결해 주는 낙으로 사는 신부는 편지를 읽어주는 사람으로 종신형을 받은 죄수 레일라를 선택한 것이다.

신부는 레일라를 맞고 생의 마지막을 향해 걸어간다. 집과 좀 더 떨어진 조금 높은 곳에 마음을 울리는 작고 아름다운 예배당이 신부의 안식처였다. 영화에서 최고의 영상미를 보여주는 장면이다. 카메라가 주변을 회전하고 돌아와 예배당의 내부를 보여주면서 서성일 때, 신부도 레일라도 관객도 모두 숨을 죽이게 된다.

해로 감독은 비록 앞을 보지 못하지만 사람의 마음을 들여다보고 상처들을 다독여주는 신부는 고통 받는 자들의 상처를 치환시키는데 종교적의미가 큰 포맷을 갖고 있음을 시사한다.

사람을 죽이고 종신형을 선고받았지만 야곱 신부는 레일라의 상처의 원인을 알고 그도 구원해야만 하는 한 인간일 뿐이라는 마음이었다. 인간의 본성은 나쁘지 않다는 의미이며 성서에서 말했듯이 누가 누구를 비판해서 목숨을 심판하는 것은 절대 금물임이 내포되어 있다.

야곱 신부가 종신형을 선고받고 지옥 같은 삶을 살고 있는 레일라를 구원해 주는 것은 그녀를 위해서가 아니라 신부가 생각하는 세상의 평화를 향한 자신의 의무라고 할 수도 있다. 해로 감독이 생각하는 세상의 모든 신부들이 야곱 신부와 같다면 세상은 걱정할 게 없다.

닮은 영화가 있다. 영화 '천사와 악마'를 보면 바티칸 교황청의 총괄 업무자인 사제 궁무처장(이완 맥그리그 분)은 때 묻고 욕심 많은 악마로 나온다. 자신의 영달을 위해 물불을 가리지 않고 사건을 만들어 가는 추악한 신부다. 감독 론 하워드가 정한 특정신부의 추악한 뒷면을 적나라하게 파헤치면서 죄를 벌할 자는 죄를 받고 인간미가 묻어나오는 신부에겐 고개가 끄덕여지는 영화였다.

또 다른 영화 롤랑 조페 감독의 '미션'에서는 선교활동을 위해 폭포 절벽 위에 사는 원주민들과의 만남과 그들을 위해 헌신하는 신부를 만날 수 있다. 폭력이 아닌 인내로 선교하는 신부의 고집이 많은 사상자를 내는 안타까운 일도 벌어지지만 원주민을 위해서는 자신의 목숨도 아끼지 않는다. 선교란 세상에 그리 쉬운 일이 아님을 많은 영화에서 볼 수 있다.

이처럼 감독들은 신부라는 특정 종교인의 묘사는 관객들의 실제생활에서 밀접하기 때문에 상당한 위험과 부담을 안게 된다. 하지만 많은 감독들이 그렇듯 관객들의 호응도가 높은 종교적 시나리오에 흥미를 느끼고 민감한 사항임에도 불구하고 메가폰을 잡게 된다. 때론, 상영관에서 시일을 채우지도 못한 채, 막을 내리게 되는 불운을 겪기도 한다.

편지라면 떠오르는 영화 '중앙역'이 있다. 월터 샐러스 감독의 이 영화는 브라질의 중앙역에서 늙은 여인 도라(페르난도 몬테네그로 분)가 편지대필을 해주며 먹고산다. 그녀는 손님에게 돈만 받고 편지는 집으로 가져가 쓰레기통에 버린다. 순진한 사람들을 속이고 돈만 챙기던 도라는 우연하게 편지의 주인인 소년의 아빠를 찾아 소년과 여정을 시작한다.

흔들리는 트럭을 얻어 타고 배고픔에 고통을 받으며 보낸 시간들은 소년과의 우정으로 남는다. 그녀는 '야곱 신부의 편지'의 레일라처럼 잊고 살았던 자신의 양면성과 치열하게 다투고 관객들은 그녀를 보며 스스로를 돌아보게 된다. 도라와 레일라는 많이 닮은 것 같다.

월터 샐러스 감독이나 클라우스 해로 감독의 편지는 한 여인만이 아니라 많은 이의 영혼을 구원해 주는데 서로 동일한 영화라 할 수 있다. 도라도 편지를 버리고 레일라도 편지를 버린다. 도라도 다시 편지를 꺼내고 레일라도 편지를 버린 우물에서 다시 꺼낸다. 도라는 소년이 구원자고 레일라는 야곱 신부가 구원자라는 공통점을 영화는 보여준다.

어쨌거나, 야곱 신부처럼 자신을 버리고 고통 받는 자들의 존엄성을 지켜주기 위한 피나는 노력을 통해 사람들은 사랑의 전파를 탈지 모른다.

레일라는 편지를 보지도 못하는 신부에게 사람들이 매일 보내는 편지의 의미를 알지 못했다. 그렇지만 신부는 매일 자신에게 기원을 바라고 소원을 바라는 욕심쟁이들의 편지를 손꼽아 기다린다. 다음날이면 어김없이 그림 같은 예배당으로 가서 사명처럼 기도를 올려준다.

레일라가 사형선고를 받고 수감 중일 때, 그녀의 언니는 야곱 신부에게 편지를 보낸다.

자신의 무능함으로 불쌍한 동생이 사형수가 되었으니 신부님의 기도로 동생을 구원해 달라는 애원이다. 반복되는 폭행으로 견딜 수 없었지만 자신은 어떻게 할 수가 없었다. 보다 못한 동생이 형부를 죽였고 도리어 동생을 원망하며 떠났다는 후회의 고백을 수없이 해왔다.

신부는 언니와 불쌍한 레일라를 위해 매일 기도하며 교도소에 탄원을 냈다. 레일라에게 아무런 말도 해주지 않은 신부는 그녀 스스로 지은 죄의 무게를 깨닫게 하고 싶었던 것이다.

신부의 속내를 레일라는 신부의 죽음 직전에 알게 된다.

숨겨버린 편지를 읽기 싫어 문득, 자신의 일생을 신부에게 고해하듯 털어놓는 레일라는 인생이란 무엇이고 삶이란 무엇인지 옳고 그름의 판단은 어디에서 누가 정하는지 원망스러워 한다. 그녀의 심장 뛰는 소리와 눈물이 신부의 마음을 도리어 편하게 한다. 드디어 한 불행했던 여인을 영적으로 구원해 냈다는 사명감이었다.

카메라는 숲속의 두 사람을 조명하고 있다. 그런 잔잔함이 관객들의 마음을 잡고 있는 이유다. 잡풀이 무성한 작은 예배당은 야곱 신부의 전부였고 영상이 주는 최고의 명장면이다.

　제작비가 천차만별인 세계영화시장에서 핀란드의 영화시장은 제작비를 감안하면 아직 소규모라 할 수 있다. 하지만, 영화에 대한 열정과 감성은 제작투자비와 상관없이 세계적이다. 흥행은 그다지 성공하지 못했지만 유수의 영화제에서 많은 상을 수상했다.

이별까지 7일 our Family, 일본, 2014
— 순수한 가족애의 공감

가장 평범한 소시민의 일상이 관객을 웃고 울린다. 수많은 영화들이 쏟아지면서 극장가를 들었다 났다 해도 사람의 마음을 파고드는 건 흥행의 여부를 떠나 가족애다. 소설보다 더 진한 시나리오는 실화라는 것처럼 아무리 화려한 SF나 스릴러물이 인기고공 행진을 한다 해도 관객의 가슴을 적시는 것은 잔잔하지만 끈끈한 가족물이다.

영화 '이별까지 7일'은 죽음을 일주일 남기고 동분서주하는 가족들의 애타는 심정을 표현함과 동시에 이별을 어떻게 감당해야하는 지를 보여준다. 사람은 모두 감정의 동물이어서 가족과 이별한다는 것에 공포감마저 갖고 있다.

영화를 읽어본다.

지극히 평범한 주부 레이코(하라다 미에코 분)는 건망증이 점점 심해진다. 큰아들의 처가식구들과 모임자리에서도 횡설수설하며 이상증세

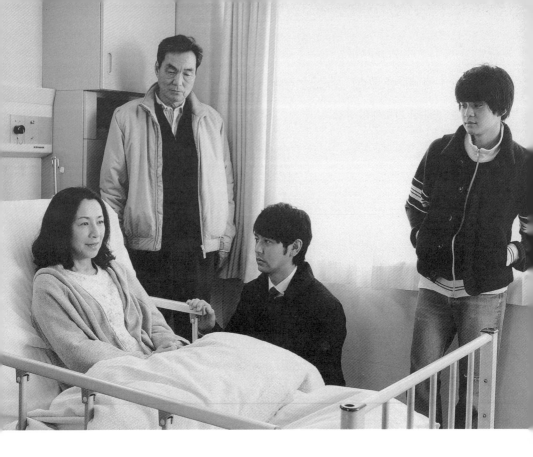

를 보인다. 착하지만 돈벌이를 하지 못하는 무능한 남편(나가츠카 쿄조 분)은 장남인 코스케(츠마부키 사토시 분)에게 엄마의 잦은 건망증 증상을 말한다. 병원검사결과는 뇌종양 말기로 판정받는다. 의사는 앞으로 남은 시간은 일주일 정도밖에 남지 않았다는 청천벽력 같은 결과를 내린다.

이 영화는 우리들 주변에서 흔하게 볼 수 있는 안타까운 가족이야기이다. 확실한 원인도 모른 채 유전적 요인으로 앓고 있는 수많은 병명이

환자들을 괴롭힌다. 그로인해 때론, 가족의 분열과 해체에 이르는 지경에 다다르기도 한다. 이런 심각한 사회적 문제들을 다시 돌아보게 하는 '이시이 유야' 감독의 일본인의 가족사랑에 대한 뜻 깊은 작품이다. 가족영화들은 일본뿐만 아니라 한국과 아시아를 넘어 유럽에서도 세계적으로 사랑받는 작품들이 많이 출품되고 있다.

이 영화 '이별까지 7일'처럼 질환으로 고통 받는 작품 중에서 한국영화로는 임권택 감독의 '화장'이 있다. 화장은 회사 중역인 오 상무(안성기 분)의 아내(김호정 분)가 암으로 투병하다 죽어가는 과정에서 사람이 겪어야하는 극한의 고통과 삶의 이중주를 적나라하게 펼쳐 보인다.

병원 간이침대에서 쪽잠을 자고 자신의 몸은 돌보지 못한 채, 그저 행하지 않으면 안 될 사명처럼 아내를 돌보고 있는 오 상무나, 돈벌이가 없어 자식들의 시선을 제대로 바라보지 못하는 환자 레이코의 무능한 남편의 현실이 처량하기만 하다. 둘 다 아내를 위해 병원 구석이나 서성이고 환자와 자식들의 눈치를 살피는 처지지만 고생은 오 상무 쪽이 더 심각하다.

두 영화의 차이점을 보면, 오상무는 삶이 너덜너덜할 지경이다. 자신의 인생은 아내의 투병과 동시에 사라지고 만 최악의 나날들이다. 관객들의 동정어린 한숨이 뿜어진다.

그에 반해 레이코의 남편은 가끔 관객을 화나게 하기도 한다. 그가 하는 일은 그다지 없다. 장남이 집안의 리더로 가족을 이끌고 있다는 것에 관객들의 답답함이 묻어나온 이유다. 삶에 있어서 가족들은 착한 아빠와 남편이 최고가 아님을 이 영화는 보여준다. 그가 돈을 벌어오지 못하는 탓에 고통은 자식들이 껴안게 되기 때문이다.

여기에서 오상무의 안성기와 아버지의 나가츠카 쿄조의 연기는 행위에 대한 차이점이 있지만 고수들의 열연이다. 관객이 그들에게 넘어갔기 때문에 한숨이 나오고 무능을 말할 수 있게 된 어느 누구도 함부로 따라올 수 없는 내면의 질과 외면의 무게다.

병원비를 마련하기 위해 동분서주하는 큰아들 코스케를 보면 마음이 아프다. 어둡고 칙칙한 방안에서 어떻게 하면 병원비를 마련하고 엄마를 살릴까, 혼자 고민하고 갈등하는 코스케의 연기 또한 관객들의 마음을 동요시킨다. 끊을 수 없는 혈육의 힘을 리얼하게 묘사해낸다.

이 영화가 슬프지 않은 것은 극 흐름의 반전도 있었지만 감독의 요구대로 막내 순페이(이케마츠 소스케 분)의 천진스럽고 속 깊은 자신만의 색깔을 잘 소화해냈기 때문이다. 기특하게 형수를 찾아가 돈 없다고 형을 버리지 말아달라는 사정을 하는가 하면 그날의 색깔별 운수에 맞춰 노란색의 추리닝을 입는 순수함을 보이는 학생답다.

엄마의 아픔을 대수롭지 않게 받아들이는 듯한 행동을 취하지만 혼자 불안해하며 의사를 찾아가 엄마를 살릴 길을 열어보려는 노력은 때론 아프지만 관객을 웃게 만들기도 한다.

영화 '이별까지 7일'에서 긍정을 담당하는 이케마츠 소스케의 자연스런 막내 연기와 고통을 담당한 츠마부키 사토시는 유야감독의 배우선택이 성공적이었다고 볼 수 있다.

어쨌거나, 죽음을 눈앞에 둔 두 영화에서 유야 감독은 젊은 감독답게

시나리오를 밝게 가져간다. 장남이나 막내의 연출, 엄마의 결말이 반전의 극이다. 의사는 분명히 엄마가 살 수 있는 날이 일주일이라고 못을 박았다. 하지만 막내의 끈기로 다른 의사를 추천받고 진료한 결과는 죽음과 거리가 있다. 이런 장면을 보면 관객들도 의사의 오진이 섬뜩하게 다가올 것 같지만 희망이라는 선물을 통해 마음을 풀어 놓는다.

반면에 임권택 감독은 연출의 대가답다. 삶의 연륜이 영화 '화장' 시나리오에 가득 넘친다. 그가 살아온 만큼의 세월의 무게가 영화의 힘으로 드러난다. 감독으로서 중년의 오 상무를 마냥 추락시킬 생각은 없어 보인다.

멀리서 밝은 빛 추은주가 기다리고 있을 테니 말이다. 이시이 유야 감독 역시 이별까지 남은 일주일을 비록 고통과 가족분열에까지 다다르게 하지만 결국은 그들을 뭉치게 하고 사랑하는 가족으로 남게 만드는 반전을 보이고 있다.

유야감독의 메시지는 가족에 대한 보편적인 이야기들에서 효를 보여주고 사랑과 믿음과 가족의 힘을 보여준다. 비록 일주일이란 시간밖에 주어지지 않았지만 엄마를 살리기 위해 무엇이든 해야 하는 장남의 고뇌, 막내의 끈기 있는 노력들이 무기력한 아빠의 자리를 다시 돌아보게 만든다.

이런 시나리오는 세계 어느 가족의 이야기와 다를 바가 없는 현실적

인 이야기로 관객들의 마음을 잡을 수 있다는 것도 감독은 알고 있다.

촬영감독 후지사와 준이치의 카메라가 그림처럼 잡은 컷은 입원한 엄마의 침대를 둘러싸고 구석에 서 있는 아빠, 애절한 모습으로 엄마의 손을 잡고 앉은 장남, 엉거주춤 멀찍이 서 있는 막내처럼 이들의 모습이 자못 가슴에 와 닿는 최고의 장면이다.

임권택 감독의 오 상무에 대한 배려처럼 모든 감독들은 반드시 반전의 기회를 만들어 관객들에게 안도와 희망을 선사하려 애쓴다. '이별까지 7일'은 일본에서 '가족'이란 제목으로 불려졌다. 우리나라에서 위기의 가족을 강하게 표현하고자 관객 낚시용으로 제목을 바꾼 것이 아닌지 모르겠다.

일본 영화관객들은 가족영화를 사랑하는 비율이 높다. 상영되었던 '그렇게 아버지가 된다.'처럼 다양한 영화들에서 사회적 이슈거리가 되었던 주제로 관객들의 시선을 끌기도 했다.

그다지 성공적이라고 말할 수 없지만 가족영화는 화려한 세트장도 트랜스포머의 거대한 옵티머스 프라임과 같은 로봇이 등장하지 않아도 관객들에게 특별한 의미로 전해진다.

정유진 영화평론집 4

영화, 오감에디터

©2017정유진

초판 초쇄 2017년 10월 13일

초판 발행 2017년 10월 19일

지은이   정유진

펴낸이   홍순창

펴낸곳   토담미디어
          서울 종로구 돈화문로 94, 302(와룡동, 동원빌딩)
          전화 02-2271-3335, 전송 0505-365-7845
          제300-2013-111호(2003년 8월 23일)
          www.todammedia.com

ISBN   979-11-86129-98-2 *03680

잘못 만들어진 책은 구입처에서 바꿔 드립니다.
이 책의 저작권은 저자에게, 출판권은 계약기간 중 토담미디어에 있습니다.
책 값은 뒤표지에 있습니다.